www.ingramcontent.com/pod-product-compliance
Lightning Source LLC
LaVergne TN
LVHW010154070526
838199LV00062B/4359
9789369087327

نشید

صادق اندوری

© Taemeer Publications LLC

Nasheed *(Ghazals Collection)*
by: Sadiq Indori
Edition: January '2025
Publisher :
Taemeer Publications LLC (Michigan, USA / Hyderabad, India)

ISBN 978-93-6908-732-7
9 789369 087327

مصنف یاناشر کی پیشگی اجازت کے بغیر اس کتاب کا کوئی بھی حصہ کسی بھی شکل میں بشمول ویب سائٹ پر اَپ لوڈنگ کے لیے استعمال نہ کیا جائے۔ نیز اس کتاب پر کسی بھی قسم کے تنازع کو نمٹانے کا اختیار صرف حیدرآباد (تلنگانہ) کی عدلیہ کو ہو گا۔

© تعمیر پبلی کیشنز

کتاب	:	**نشید** (غزلیں)
مصنف	:	**صادق اندوری**
صنف	:	شاعری
ناشر	:	تعمیر پبلی کیشنز (حیدرآباد، انڈیا)
سالِ اشاعت	:	۲۰۲۵ء
صفحات	:	۲۹۶
سرورق ڈیزائن	:	تعمیر ویب ڈیزائن

فہرست

حمدِ خُدا	13
نعت مُصطفیٰ	15
ترا تصوّر دلِ حزیں کو خوشی کا رستہ دکھا رہا ہے	17
جادہ پیمائے محبّت کا مقدّر دیکھتے	19
اب تو آداب محبت میں یہ کامل ہو گیا	21
اُن سے پھر رسم و راہ کرتا ہوں	23
حدِ نگاہ تجسّس میں لا کے دیکھ لیا	25
اُن کیف بھری آنکھوں میں وہ سرور نظر آتا ہے	27
دم زدن میں داستانِ زندگی کہہ جاؤں گا	29

3

31	ابتدا سے انتہا تک مرکزِ آلام ہے
33	جذبۂ درماندگی کو گدا گدا تا جاؤں گا
35	ذوقِ نگاہ جذبۂ دل آزما کے دیکھ
37	فکرِ الم سے دور غم ناگہاں سے دور
39	نظامِ عشق میں اک اور برہمی ہوتی
41	شوق ہی کے دم تک تھی ساری کائنات اپنی
43	دیکھ اے نگہِ خود بیں کیا طرفہ تماشا ہے
45	حیراں ہوں کس کی یاد کا دل میں گزر ہے آج
46	بہت بجا ہے کہ افشائے راز مشکل ہے
47	جذبۂ بے تاب کو یوں عشق میں کامل کریں
49	اب دشتِ جنوں سلسلہ جنباں تو نہیں ہے
51	میں کس غم میں ہوں بتلا کون جانے
53	آغوشِ نظر میں آسودہ یوں حسنِ تمنا پاتا ہوں
55	تمنا کو اب مختصر کیا کریں ہم
57	جس کا مآل کچھ نہ ہو اس کی طرف کبھی نہ دیکھ

یوں فطرت تمنا الفت کی ترجماں ہے	59
اپنی طرف سے رسمِ محبت جتائے کون	61
محبت میں غم پیراؤ پنہاں بھول جاتے ہیں	63
مجبور غم و حسرت وہ افکار نہ کر دے	65
سامنے آنکھوں کے وہ حسن تمام آ ہی گیا	67
تیری صدا ہے مجھ میں آواز میری تو ہے	69
کیوں کہ ہوا التجائے کرم التجا کے ساتھ	71
چھپایا ہے ترے جلووں سے خود کو عمر بھر میں نے	73
اُن کا وہ جلوہ حسیں ہے جو میری نگاہ میں	75
نگاہ مشتاق تھر تھرائی ہوا تلاطم دل حزیں میں	77
دورِ نمو میں اپنے قدم یوں بڑھائیے	79
افسانۂ حیات کا عنواں بدل گیا	81
شعورِ درد کسی اہلِ انجمن میں نہیں	83
نہ دیکھ اے چارہ گریوں غور سے تو زخم بسمل کو	85
چھیڑا جو کبھی درد کا افسانہ کسی نے	87

کم ہو سکی نہ شدتِ دورِ فتن ابھی	89
ابھی تو ہے دور وہ زمانہ کہ جب حقیقی خوشی ملے گی	91
مجھے حیرت سے دنیا دیکھتی ہے	93
ترا کرم تری خوشی تلاش کر رہا ہوں میں	95
انتظارِ لذتِ خوش کام سے کھیلا کئے	97
تنویرِ سحر پر جو اُداسی کا گماں ہے	99
تیرہ عکسِ سحر و شام گوارا کر لوں	101
طوفانِ اضطراب بھی ہے غم کے ساتھ ساتھ	103
جتنے قطرے ہیں گل پہ شبنم کے	105
ہر طرف منظرِ ہنگامہ و شر آج بھی ہے	107
جب ادھر سے کوئی مجبورِ فغاں گزرا ہے	109
شکوہ کج کلاہی مفلسی پر طنز کرتا ہے	111
میری منزل دور بھی ہے پاس بھی ہے کیا کروں	113
ترے جور آزما اے انقلابِ آسماں ہم میں	115
یہ آج کون سے غنچوں نے سر نکالے ہیں	117

118	ظالموں کے ہاتھ میں خنجر نہیں دوں گا کبھی
119	اُن کی آنکھوں سے جب اشک ڈھلکے
121	خلوص عام کر و دشمنی کا نام نہ لو
123	ساقیا عہدِ بہاراں بھی طرب خیز نہیں
125	نئے عمل سے نظام جہاں بدل ڈالو
127	جب کہیں عظمت کردار کی بات آئی ہے
129	مری حیات کی ہر سانس اک شرارا ہے
131	خود اُن کے جلوے نظر کے لیے حجاب ہوئے
133	اخلاص کا اک جام نیا ہم نے بنایا
135	محفل محفل دیکھا ہے
137	عاشقی اپنی حدِ گام سے آگے نہ بڑھی
139	ہر ایک گام پہ شمع خلوص جلتی ہے
141	جب ذوقِ مکمل نے کی حوصلہ افزائی
143	راہ بے نشاں آئی موڑ بے سراغ آئے
145	تجھے ہم بدگماں ہونے نہ دیں گے

یہ زندگی ہے کہ اے دوست اس کا سایہ ہے	147
آتی ہیں گلستاں سے مسموم ہوائیں بھی	149
ہم ساحلِ مراد کے دھوکے میں کھو گئے	151
روشنی کے روپ میں داغِ وفا ڈھلنے لگے	153
ہم ہیں رازِ سن و در سمجھنے والے	155
ہزار بار مٹی زندگی بنا خلوص	157
شبنم شعلہ بن جاتی ہے شعلے شبنم ہو جاتے ہیں	159
ان کی بے نیازی سے کشمکش سی جاری ہے	161
دھرتی کے ظالم لوگوں نے...	163
محض فخروں سے کہیں بھرتا ہے مینائے غزل	165
زندگانی کی تنگ و تاز غزل میں ڈھالو	167
گو بظاہر یوں تو با حالِ زبوں ہوتا بھی ہے	169
نکلی جو بزمِ دوست میں کل زندگی کی بات	171
دل میں یوں عشق مکیں ہو جیسے	173
یوں عطر بیز تیری قبا کا ہے بندبند	175

177	یوں ہم اربابِ سرخوشی سے ملے
179	کیوں کسی کا ہو دریوزہ گر اہلِ فن
181	گرمی جو وفا کی گھٹ گئی ہے
183	مٹ گئیں صورتیں سب ذوقِ سفر کے آگے
185	انسان کا اس دور میں کیا حال ہوا ہے
187	وقت کی پھانس سے دل خون ہے لالے کی طرح
189	رہ و فا میں رسن اور دار کے سائے
191	لمس نے تیرے جلائے وہ چراغ آج کی رات
193	ایک اک لمحہ مجھے زیست سے بیزاری ہے
195	ساتھ ہے محشرِ جذبات مگر پھر تنہا
197	ہاں ہم نفس و بڑھ کے کوئی ضرب گراں اور
199	سکوں کی چھاؤں نہ آسودگی کا بادل ہے
201	گلشن نژاد ہوں نہ بہار آفریدہ ہوں
203	حادثوں کو کلفتِ ہستی کا اندازہ کہو
205	اُٹھو تمدبیر کے ناخن سنبھالو

207	پابند رسمِ رواہ مقرر نہیں ہوں میں
219	جتنے مُنہ اتنی باتیں جتنی باتیں اتنے زخم
211	اُجالے لے کے بڑھے کوئی بہر دم سازی
213	چلچلاتی ہوئی گرمی کا مداوا مانگا
215	کیا یہی تیری محفل کا دستور ہے ؟......
217	شعلوں کی راج دھانی کے منظر بھی دیکھنا
219	جذبۂ وفا کو شی مستقل چمکتا ہے
221	بے گانۂ خلوص ہر اِک کی نظر میں ہوں
223	آگاہ شعور ہو چکا ہے
225	او جھل ہر آنکھ سے تو سراپا دکھائی دے
227	منزلِ ذوقِ وفا دیدہ وری مانگے ہے
229	وہ ایک اشک جو پلکوں پہ تھر تھراتا ہے
231	عفتِ حُسن کی ہے شرط حجابوں میں رہے
233	شعور چیخ رہا ہے خرد کو ٹھکراؤ
235	نکل کے جاؤں کہاں مسکراہٹوں کی طرح

237	وجودِ زندگی رویائے بے تعبیر ہے دیکھو
239	دل کے لیے سکون کی راہیں کھلی توہیں
241	کچھ بھی ہو مگر تکملۂ راز نہیں ہے
243	پرچم ماضی اُٹھا کر آپ کی محفل سے ہم
245	بات ٹوٹ جاتی ہے ہونٹ کپکپاتے ہیں
247	نیا بتِ حق کا میں امیں ہوں نظام....
249	خرد ہے سر بہ گریباں کہ صوفیشاں کیا ہے
252	ان کے تیور دیکھیں تو
254	پوشیدہ ہو پستی میں رفعت کا جو پہلو بھی
255	یہ غلط ہے کہ سبھی حصۂ اوقات میں تھے
257	بھنور بھنور ہیں نگاہیں دھواں دھواں دل ہے
259	عشق مکمل شرحِ حیات
261	التفات اُن کی نظر کا جو مناسب نہ سہی
263	شہیدانِ وفا کو چار سُو آواز دیتا ہے
265	حُسن مغرور ہے مائل بہ تمنا کیسے

267	مرے احساس کی لو شعلہ زن ہے....
269	محبت میں تضادِ این و آں سے کچھ نہیں ہوتا
271	آپ کے گھر کی طرح ہے نہ مرے گھر جیسی
273	آنکھوں کے دریچوں سے وہ دل میں جو اُتر جائیں
275	کسی کے در پہ نہ اپنے ہی گھر میں رہتا ہے
277	یوں محبت ہے مرے تختِ دل....
279	کفر ہر اہلِ خرابات کا توڑا جائے
281	زمیں سے تا بہ اوجِ آسماں ہے
283	ٹوٹا قفس تو خاک ہوئی منتشر کہاں
285	لفظ و معنی کے تجسّس سے سجائے کس نے پھول
287	فنِ سامری وقت کے سب آزمالیئے
289	تیرگی بُغض و عداوت کی مٹالی جائے
291	ہر نقش سے ہٹ کر بخدا بڑھنے لگا ہے
293	حرفے چند

حمدِ خُدا

زبانِ خلق یہ کہتی ہے کبریا ہے تو
تمام ارض و سماوات کا خدا ہے تو

وجود ہے مِرا آغاز اور عدم انجام
یہ خلفشار وہ ہے جس سے ماورا ہے تو

طلب پہ ہی نہیں موقوف تیرا فیض عمیم
ہر ایک شخص کو بے مانگے دے رہا ہے تُو

ہر ایک چیز نے پائی ہے ابتدا تجھ سے
ہر ایک چیز کی لاریب انتہا ہے تو

''نہ ابتدا کی خبر ہے نہ انتہا معلوم''
ازل ابد کے تعیّن پہ چھا گیا ہے تُو

بہت قریب سے مجھ کو پکارنے والے
بہت ہی دور سے مجھ کو پُکارتا ہے تُو

نہ پھیر اپنی نگاہیں غریب صادقؔ سے
کہ ایک شاعرِ بے کس کا آسرا ہے تُو
***

نعت مُصطفیٰ

تجلّیِ دو جہاں کا مظہر رسولِ عرش آستاں ملا ہے
مبارک اے تیرہ زندگانی، زمین کو آسماں ملا ہے

کہانی امن و سلامتی کی ورق ورق ہو گئی مکمل
جواب جس کا نہیں جہاں میں وہ صاحبِ داستاں ملا ہے

تمام رحمت، تمام راحت، وہ سر سے پا تک تمام اُلفت
گزشتہ اقوام میں کسی کو پیمبر ایسا کہاں ملا ہے

جو ہیں محمدؐ کے نام لیوا اُنہیں ہو کیوں خوف گردشوں کا
ہمیشہ طیبہ کی سر زمیں سے پیام امن و اماں ملا ہے

غلط روش پر نہ چل سکے گا مسافر راہ زندگانی
جو منزلوں کا پتہ بتائے وہ صاحب کارواں ملا ہے

جھکے نہ کیوں سر درِ نبیؐ پر بصد محبت، بصد عقیدت
ہمیں ہمالہ کی چوٹیوں سے بلند تر آستاں ملا ہے

رسولؐ کی یاد سے مسلسل مہک رہا ہے مشام صادقؐ
خزاں رسیدہ جہاں میں ہم کو بہار زا گلستاں ملا ہے

***

ترا تصوّر دلِ حزیں کو خوشی کا رستہ دکھا رہا ہے
نفس نفس کو بہار نَو کا پیامِ رنگین سُنا رہا ہے

بہار کا دور کیف آگیں چمن میں آیا ہے روح بن کر
ہر ایک پژ مُردہ پھول کو جو حیات پرور بنا رہا ہے

محبّت آمیز کوششوں سے کیا ہے گھر میں نے ان کے دل میں
عتاب جاتا رہا اب اُن کا، جلال بھی مُسکرا رہا ہے

تری تجلّی کی راہ دیکھوں یہ مجھ سے ہر گز نہ ہو سکے گا
خیال میرا ہزاروں نقشے بنا بنا کر مٹا رہا ہے

تری تجلّی کا ایک ذرّہ کہ نام ہے جس کا شانِ رحمت
تمام عالَم کا حُسن بن کر تمام عالَم پہ چھا رہا ہے

اُدھر وہ تیّار ہو رہے ہیں جھلک دکھانے کو چلمنوں سے
اِدھر مرا ذوق دید سارے نظر کے پردے اُٹھا رہا ہے

کسی کی ویراں الَم سَرا کو کبھی تو عشرت محل بنا دو
تمہارا صادقؔ بہت دِنوں سے فراق کے غم اٹھا رہا ہے
***

جادہ پیمائے محبّت کا مقدّر دیکھتے
ذرّہ ذرّہ کو حریف حُسن منظر دیکھتے

زندگی پر تبصرہ تو ہو چُکا مدّت ہوئی
موت پر ہوتی ہے کیا تنقید آ کر دیکھتے

ایک دل پہلو میں وہ بھی صد بیاباں صد جنوں
کاش تم بھی میری ویرانی کا منظر دیکھتے

ایک ہچکی پر ہے قائم زندگانی کا نظام
یاد ہی کر کے کبھی اے بندہ پرور دیکھتے

بزمِ عالَم میں ہر اِک دل تھا کدورت در بغل
کتنے آئینوں کو ہم صادقؔ مُکدّر دیکھتے

***

اب تو آداب محبّت میں یہ کامل ہو گیا
اب تو اُن کی نذر کے قابل مِرا دل ہو گیا

گریۂ زنداں بقدرِ ذوق حاصل ہو گیا
جو بھی آنسو آنکھ سے ٹپکا سلاسل ہو گیا

پوچھنا کیا اس کی بے پایاں مساعی کا مآل
آ کے جو منزل پہ بھی مایوس منزل ہو گیا

یاس نے امید بخشی درد نے بخشا سُکوں
کچھ عجب صورت سے اطمینان حاصل ہو گیا

پھر اُبھارا دل نے تجدید محبّت کے لئے
پھر یہ دل نا واقفِ آداب محفل ہو گیا

ہو چکا تقسیم جب بزمِ ازل میں اضطراب
ایک حصہ بچ رہا تھا، وہ مِرا دل ہو گیا

لطف کی نظروں سے دیکھا تو نے اس معتوب کو
آج پھر صادقؔ تری محفل کے قابل ہو گیا
***

اُن سے پھر رسم و راہ کرتا ہوں
اپنی ہستی تباہ کرتا ہوں

عزم تجدید آہ کرتا ہوں
آج پھر اک گناہ کرتا ہوں

دل کی جُرأت تباہ کرتا ہوں
اب نگاہوں سے آہ کرتا ہوں

اُن کی ہلکی سی اِک نظر کے لیے
زندگی کو تباہ کرتا ہوں

جس کا آغاز ہے سکوں انجام
آج صادقؔ وہ آہ کرتا ہوں

***

حدِ نگاہ تجسّس میں لا کے دیکھ لیا
تعیّنات کے پردے اٹھا کے دیکھ لیا

وہی تجلّی دل کش وہی ہے جلوہَ خاص
قریب و دُور سے آنکھیں مِلا کے دیکھ لیا

عیاں ہوا نہ کوئی انقلاب الفت میں
ہزار طَور سے دل کو مٹا کے دیکھ لیا

مِلا نہ عشق کا ہم کو صلا قیامت تک
نظر سے خود کو بھی اکثر گرا کے دیکھ لیا

تمہارا حُسن جو تھا منتشر زمانے میں
اُسے بھی حدِّ محبّت میں لا کے دیکھ لیا

ہوا نہ انجمن آرائے عاشقی کوئی
ہر ایک گوشۂ دل کو سجا کے دیکھ لیا

جفا کی دوسری تصویر ہے وہ اے صادقؔ
وفائے دوست کو بھی آزما کے دیکھ لیا
***

اُن کیف بھری آنکھوں میں وہ سرور نظر آتا ہے
جو دیکھتا ہے ساقی کو مخمور نظر آتا ہے

جس سمت نظر اُٹھتی ہے وہ نور نظر آتا ہے
ہر کوہ مری آنکھوں کو اک طور نظر آتا ہے

آزارِ محبّت مجھ سے، تُو پوچھ نہ اے ہمدم اب
جب دیکھتا ہوں میں دل کو۔ رنجور نظر آتا ہے

تم اُٹھ گئے کیا پہلو سے بدلی بدلی ہے دُنیا
محفل کا گوشہ گوشہ بے نور نظر آتا ہے

اس جادۂ پیچ و خم میں، کیا قافلہ اپنا ڈھونڈیں
جتنا بھی قریب سمجھتے ہیں، دور نظر آتا ہے

جس سمت نظر اُٹھی ہے دل تھام لیا ہے میں نے
انساں بھی کہاں تک صادقؔ مجبور نظر آتا ہے
***

دم زدن میں داستانِ زندگی کہہ جاؤں گا
بجھ کے شعلے کی طرح مَیں ایک دن رہ جاؤں گا

اِک نہ رُکنے والی موج بحر ہے میری حیات
دیکھتے ہی دیکھتے اِک روز میں بہہ جاؤں گا

مَوت آئے اور خوشی سے آئے، میں تیار ہوں
اور تکلیفوں کے ساتھ اس کو بھی میں سہہ جاؤں گا

اے غمِ عشق اب تری امداد کا موقع نہیں
ایک دن خود جل کے اپنی آگ میں رہ جاؤں گا

دل کی گہرائی میں پوشیدہ ہے جو رازِ لطیف
نزع کے وقت آ کے تم پوچھو گے تو کہہ جاؤں گا

بحر دنیا میں مِری ہستی ہے ایسی ناتواں
جس طرف لے جائے گی موج اُس طرف بہہ جاؤں گا

صادقؔ آ جائے کوئی تکلیف بد تر موت سے
خندہ پیشانی کے ساتھ اس کو بھی میں سہہ جاؤں گا
***

ابتدا سے انتہا تک مرکزِ آلام ہے
اک مسلسل غم ہے جس کا زندگانی نام ہے

اک تسلسل آہ کا اور ایک پیہم اضطراب
آپ کیا جانیں حیات عشق کس کا نام ہے

لو وہ خود ہی آ رہے ہیں بے حجاب و بے نقاب
کون کہہ سکتا ہے اب ذوق طلب ناکام ہے

ہر نظر کے ساتھ ہیں لپٹی ہوئیں مایوسیاں
انتظار دوست بھی کس درجہ یاس انجام ہے

میرے ہونٹوں پر کسی دن آگیا تھا اُن کا نام
لیکن اب تک ذرّہ ذرّہ لرزہ بر اندام ہے

آپ کا ہو کر کروں میں شکوۂ جور و ستم
یہ تو مجھ پر آپ کا خود ساختہ الزام ہے

کون میکش آج اُٹھ کر چل دیا اس بزم سے
ورنہ صادق کس لیے بے کیف دورِ جام ہے
***

جذبۂ در ماندگی کو گدگداتا جاؤں گا
مُسکراتا جا رہا ہوں، مُسکراتا جاؤں گا

اِک نہ اِک دن عام کر دوں گا محبت کی تڑپ
ایک اک ذرّہ کو اپنا دل بناتا جاؤں گا

اشک آنکھوں سے جو نکلے ہیں نکلتے ہی رہیں
خون روتا جاؤں گا تسکین پاتا جاؤں گا

تم مجھے جتنا بھُلاؤ گے بڑھے گی میری یاد
دُور کرتے جاؤ گے نزدیک آتا جاؤں گا

اُن کے میرے درمیاں ہے میری ہستی اِک حجاب
ہو سکے گا تو یہ پردہ بھی اُٹھاتا جاؤں گا

ایک دن آئے گا ایسا بھی محبّت میں ضرور
خود کو کھوتا جاؤں گا اور اُن کو پاتا جاؤں گا

دل کے احساسات ہیں اشعار کے پردوں میں بند
آج صادقؔ ساری محفل کو رُلاتا جاؤں گا

***

ذوقِ نگاہ جذبۂ دل آزما کے دیکھ
یہ کون سامنے ہے ذرا مسکرا کے دیکھ

اِک طرزِ نو سے نغمۂ ہستی سُنا کے دیکھ
ممکن جو ہو تو سازِ محبّت پہ گا کے دیکھ

مِل جائے گا تجھے بھی غمِ عشق کا صلہ
اک بار خود کو اپنی نظر سے گرا کے دیکھ

یہ کون تیرے سامنے صورت طراز ہے
اے ناشناسِ دید ذرا آنکھ اٹھا کے دیکھ

خود جلوۂ حبیب کرے گا ترا طواف
لیکن ہر اہتمام نظر کو مٹا کے دیکھ

تبدیل کر دے میرے شب غم کی ظلمتیں
تاروں کی شکل تو بھی ذرا مسکرا کے دیکھ

اُن کی تجلّیوں کو اگر چاہیے دیکھنا
صادقؔ حدود دیر و حرم ہی مٹا کے دیکھ

***

فکر الم سے دور غم ناگہاں سے دور
رہتا ہوں اب تو دسترس این و آں سے دور

تم کیا گئے کہ روح کی بالیدگی گئی
اب میرے دن گزرتے ہیں تسکین جاں سے دور

یوں کروٹیں بدلتی ہے دل میں نگاہ دوست
بے تاب کوئی تیر ہو جیسے کماں سے دور

سنتا ہوں اپنی عرضِ محبت کا یوں جواب
آواز دی ہو جیسے کسی نے یہاں سے دور

وا ماندگیِ شوق کا شکوہ فضول ہے
خود رہ گیا ہوں گردِ پسِ کارواں سے دور

اک خوش نصیب وہ کہ جو ہے کارواں کے ساتھ
اک بد نصیب میں کہ جو ہوں کارواں سے دور

صادقؔ مرے خیال میں ہے عرش کا فراز
پرواز کر رہا ہوں حدِ آسماں سے دور
***

نظامِ عشق میں اک اور برہمی ہوتی
اگر فُغاں مِرے ہونٹوں تک آ گئی ہوتی

ترا خیال اگر دل میں جاگزیں ہوتا
تصورات کی محفل میں روشنی ہوتی

چمن میں ہاتھ نہ ہوتا جو تیرا کار انجام
کلی کلی کے تبسّم میں دل کشی ہوتی

بہت بچا ہوں میں تیری نگاہ سے ورنہ
متاعِ صبر و تمنّا بھی لُٹ گئی ہوتی

تری تلاش میں کرتا اور اس طرح کرتا
تعینات کی حد بھی گزر گئی ہوتی

فنا بقا کا تعیّن ارے خدا کی پناہ
فنا بقا سے الگ حدِ زندگی ہوتی

گداز لحن میں صادقؔ اگر میں کچھ پڑھتا
فضائے وسعت کونین جھومتی ہوتی
***

شوق ہی کے دم تک تھی ساری کائنات اپنی
شوق کیا مٹا ہمدم مٹ گئی حیات اپنی

عشق کے فسانے میں صرف دو ہی ٹکڑے ہیں
ایک ذکر جور اُن کا اِک وفا کی بات اپنی

عشق مہ وشاں بخشا، رنج دوستاں بخشا
اور ہم کو کیا دیتی عمرِ بے ثبات اپنی

کیوں نہ ہو خوشی ہم کو، آج ان کی محفل میں
جم گیا ہے نقش اپنا بن گئی ہے بات اپنی

غم کے ماسوا جس میں اور کچھ نہیں یکسر
کیا کرو گے تم سُن کر ایسی واردات اپنی

حسرتِ الم نوشی آرزوئے بے تابی
یہ بھی کائنات اپنی وہ بھی کائنات اپنی

چاند اور تارے بھی ماند پڑ گئے صادقؔ
جب ہوئی ہے ضو افگن عاشقی کی رات اپنی

***

دیکھ اے نگہِ خود بیں کیا طُرفہ تماشا ہے
ہر ذرّہ کے پہلو میں اِک قلب دھڑکتا ہے

آغاز پہ مٹ جانا، نا سمجھی کا شیوہ ہے
آغاز تو دیوانے رنگین سا دھوکا ہے

کلیوں کا تبسُّم ہو یا خندۂ انجم ہو
میں نے ترے جلوے کو ہر رنگ میں دیکھا ہے

ہر رگ میں خرامیدہ، ہر سانس میں آسودہ
یا تیری محبّت ہے یا تیری تمنّا ہے

غم دل میں ہے غلطیدہ غم میں ہے سکوں لرزاں
طوفاں ہے سمندر میں طوفاں میں سفینا ہے

تمکینِ جہاں بانی، ادراکِ سخن دانی
وہ جہل کی کج فہمی، یہ علم کا دھوکا ہے

وحشت سی برستی ہے ہر ذرّہ سے اے صادقؔ
شاید کوئی دیوانہ اس راہ سے گزرا ہے
***

حیراں ہوں کس کی یاد کا دل میں گزر ہے آج
ہر سانس اِک نوید مسرت اثر ہے آج

رُخ انقلاب کا جو برنگ دِگر ہے آج
دُنیائے اعتبار بھی زیر و زبر ہے آج

کل تک مِری نگاہ تھی آغاز پر مگر
انجام کائنات پہ میری نظر ہے آج

صیاد یہ تو ظلم ہے ظالم کرم نہیں
آزاد ہو گئے تو غمِ بال و پر ہے آج

صادق کہاں وہ جوش کہاں دل میں وہ اُمنگ
اشعار میں بھی قلّتِ جذب و اثر ہے آج
***

بہت بجا ہے کہ افشائے راز مشکل ہے
مگر تحمل سوز و گداز مشکل ہے

ہزار سجدے کیے جا درِ حبیب پہ تو
ادا جو دل سے ہو ایسی نماز مشکل ہے

زبان کھُلتی نہیں کیف دید کے باعث
تمہارے سامنے عرضِ نیاز مشکل ہے

ہر آئینہ میں ترا عکس ہے تجلی ریز
تدبّرِ فنِ آئینہ ساز مشکل ہے

کچھ اس طرح مُتقابل ہیں حسن اور نگاہ
نگاہ و حُسن کا بھی امتیاز مشکل ہے

قدم بڑھائے چلا چل بہ رہبریِ حیات
ادا شناسیِ راہِ دراز مشکل ہے

زمانہ در پئے آزارِ جاں ہے اے صادقؔ
ابھی تو عزمِ دیارِ حجاز مشکل ہے

***

جذبۂ بے تاب کو یوں عشق میں کامل کریں
آج اُن کو بھی شریک اضطراب دل کریں

جلوۂ فردا کو ذوقِ دید کا حاصل کریں
خود کو یعنی آشنائے حسنِ مستقبل کریں

حادثوں پر حکمرانی یوں سب اہل دل کریں
دامنِ سیلاب کو بھی دامنِ ساحل کریں

زندگی میں ہے اسی کا نام لطف جستجو
مشکلوں میں گھِر کے بھی عزم رہ مشکل کریں

سازِ دل کو چھیڑ کر مضرابِ الفت سے کبھی
بربطِ خاموش کو آواز کے قابل کریں

اِک سکونِ مستقل، نا مختتم اک لُطفِ عیش
زیست کو بھی موت کی فہرست میں شامل کریں

خضر کی صادقؔ ضرورت ہے نہ رہبر کی تلاش
ہم جہاں چاہیں وہیں تعمیر اِک منزل کریں
***

اب دشتِ جنوں سلسلہ جنباں تو نہیں ہے
اُلجھا ہوا دامن میں گریباں تو نہیں ہے

رہ رہ کے چمکتے ہیں ستارے جو فلک پر
ظالم یہ تری جنبشِ مژگاں تو نہیں ہے

ہوتی نہیں مجھ کو کسی پہلو بھی تسلّی
دل میں کوئی ٹوٹا ہو پیکاں تو نہیں ہے

گھبرا کے نکل آئیں گے ارمان کسی دن
آخر مِرا دل ہے کوئی زنداں تو نہیں ہے

نازک سی اک آواز پہ میں وجد کناں ہوں
سازِ رگِ جاں پر وہ غزل خواں تو نہیں ہے

انسان کی تعریف ہے مجبوریِ پیہم
مختار جو ہستی ہے وہ انساں تو نہیں ہے

صادقؔ لبِ ساحل ہے مرے غم کا سفینہ
صد شکر یہاں خطرۂ طوفاں تو نہیں ہے

٭٭٭

میں کس غم میں ہوں مُبتلا کون جانے
دوائے غم لا دوا کون جانے

رگیں دل کی کھنچنے لگیں ابتدا میں
جنوں کی مگر انتہا کون جانے

ابھی ہے ہر اک نغمہ جاں بخش لیکن
مآلِ شکستِ نوا کون جانے

یہاں واقف عیش کوئی نہیں ہے
تمنّا کی مُبہم صدا کون جانے

تری بزم تیر ستائش سلامت
دل زار کا مُدعّا کون جانے

جہاں التجا نام ہو بُزدلی کا
وہاں قیمتِ التجا کون جانے

ملیں گے وہ صادقؔ سرِ حشر اک دن
مگر حشر کا ماجرا کون جانے

***

آغوش نظر میں آسودہ یوں حسنِ تمنّا پاتا ہوں
بے کیف نظاروں میں جیسے اک کیف کا جلوا پاتا ہوں

سوگند ہے بھیگی راتوں کی، جب رنگ سحر ہوتا ہے عیاں
فرقت کے اندھیرے ڈیرے میں اشکوں کا اُجالا پاتا ہوں

یہ سعیِ ترقّیِ عالم معکوس نہیں تو اور ہے کیا
احساس کو مردہ پاتا ہوں، تدبیر کو اندھا پاتا ہوں

طوفان مسلسل اُٹھتے ہیں آتے ہیں حوادث بھی لیکن
ہستی کی شکستہ کشتی کو غرقاب تماشا پاتا ہوں

دل خوفِ ستم سے لرزاں ہے، شکوہ پہ زباں کھلتی بھی نہیں
جینے کی تمنّا لا حاصل مرنے کا تقاضا پاتا ہوں

جذبات پہ قابو پا لینا مانا کہ بہ ظاہر مشکل ہے
لیکن تری ظالم آنکھوں کا جس وقت اشارا پاتا ہوں

نغمات حقیقت افزا سے، آہنگِ محبت پیرا سے
جذبات کی محفل کو صادقؔ ہر لحظہ تڑپتا پاتا ہوں

***

تمنّا کو اب مختصر کیا کریں ہم
خود اپنے ہی دل پر نظر کیا کریں ہم

نظر بھی ہے گستاخ، گستاخ دل بھی
یہ سب کچھ بجا ہے، مگر کیا کریں ہم

ہے اُن کی تجلّی پھر اُن کی تجلّی
ملالِ شکست نظر کیا کریں ہم

میسّر جو ہو جائے اُن کی محبّت
دعا کیا کریں ہم اثر کیا کریں ہم

اندھیرا اجالا مبارک ہو تم کو
تماشائے شام و سحر کیا کریں ہم

تمنّا کو پھر دعوت زندگی دے
شکستہ دلوں کی خبر کیا کریں ہم

شروع محبّت سے نادم ہیں صادقؔ
محبّت پہ نقد و نظر کیا کریں ہم
***

جس کا مآل کچھ نہ ہو اس کی طرف کبھی نہ دیکھ
غم کو سمجھ متاعِ زیست عشرت زندگی نہ دیکھ

غم ہی متاعِ زیست ہے، غم ہی مآل زیست ہے
شام الم پہ ہو نثار صبح نشاط ہی نہ دیکھ

حُسن جھُکا ہوا ہے آج عشق کے پائے شوق پر
رتبۂ بندگی سمجھ، محنت بندگی نہ دیکھ

چھوڑ بھی پستیِ خیال، عزم کو اپنے کر بلند
چاند پہ بڑھ کے ہاتھ ڈال چاند کی چاندنی نہ دیکھ

ایک طلسم رنگ و بُو وہ بھی ثبات نا شناس
پھول سے واسطہ نہ رکھ، پھول کی دل کشی نہ دیکھ

زحمت دید کس لیے تیری نگاہ جل نہ جائے
شعلہ بہ کف ہے دل تمام دل کی طرف ابھی نہ دیکھ

صادقؔ بے قرار دیکھ غم کی شکایتیں نہ کر
مرضیِ دوست کر قبول دوست کی بے رُخی نہ دیکھ

***

یوں فطرت تمنّا الفت کی ترجماں ہے
آغازِ عاشقی پہ انجام کا گماں ہے

صیّاد مطمئن ہے مسرور باغباں ہے
کیا بجلیوں کی زد پر آج اپنا آشیاں ہے

اے اشک غم ٹھہر جا، ہاں اے وفا سنبھل جا
کل اپنا امتحاں تھا آج اُن کا امتحاں ہے

خود منزلیں تڑپ کر راہیں سمیٹ لیں گی
اے شوق کس لیے تو ممنونِ کارواں ہے

یوں صرف سوزِ غم ہے ہر زندگی کی کروٹ
جیسے نفس نفس میں بجلی رواں دواں ہے

ہاں فطرتِ جُدائی ہاں ایک اور چرکا
دل بھی ابھی جواں ہے غم بھی ابھی جواں ہے

صادقؔ حیات دل پر دو دَور ہیں مُسلّط
اِک دَور عاشقی ہے، اِک دور آسماں ہے
***

اپنی طرف سے رسمِ محبّت جتائے کون
الزامِ ناشناسیِ الفت جتائے کون

جب ہو چکا ہو ذوقِ تمدّن طرب سرشت
مر جائیے تو موت پر آنسو بہائے کون

حُسن پس حجاب بھی نظارہ سوز ہے
نظریں شکست خوردہ ہیں پردے اٹھائے کون

احساس نارسائیِ منزل بجا سہی
لیکن نشانِ راہ کے دھوکے میں آئے کون

تیری زمیں، تیرا فلک، لامکاں ترا
لیکن تعیّنات کے جھگڑے مٹائے کون

ہے منزلِ مرادِ محبّت بس ایک گام
لیکن ارادتاً یہ قدم بھی اُٹھائے کون

صادقؔ یہ میں ہوں، قید میں بھی ہے جسے سکوں
میری طرح قفس کو نشیمن بنائے کون
***

محبت میں غمِ پیدا و پنہاں بھول جاتے ہیں
بسا اوقات ہم اپنے ہی ارماں بھول جاتے ہیں

ستم کو تیرے یوں اے دشمن جاں بھول جاتے ہیں
کہ جیسے صبح کو خواب پریشاں بھول جاتے ہیں

محبّت یاد رہتی ہے، تمنّا یاد رہتی ہے
جواں ہو کر بہت سے عہد و پیماں بھول جاتے ہیں

نہ پوچھ اے دوست اربابِ جنوں کی خود فراموشی
ہم اپنا ہاتھ اپنا ہی گریباں بھول جاتے ہیں

کچھ ایسے بھی حوادث پیش آتے ہیں محبّت میں
کہ ہم گزرے ہوئے سب موج و طوفاں بھول جاتے ہیں

جوانی اور وہ بھی عشق کے بے دام بندوں کی
وہ عالم جس میں فرقِ کفر و ایماں بھول جاتے ہیں

جنونِ عشق کی وارفتگی کیا ہو بیاں صادقؔ
ہم اکثر امتیازِ جیب و داماں بھول جاتے ہیں
***

مجبورِ غم و حسرت و افکار نہ کر دے
عشق اُن کو بھی اپنا ہی طلبگار نہ کر دے

پیدا کوئی مشکل دمِ دیدار نہ کر دے
اقرار کے پردے میں وہ انکار نہ کر دے

اُس وقت تک اے دوست نہیں عشق کوئی چیز
جب تک کہ مری روح کو بیدار نہ کر دے

پیتے ہوئے ڈرتا ہوں ہر آنسو کو شبِ غم
یہ اور بھی آہوں کو شرر بار نہ کر دے

انداز کچھ ایسے ہیں کہ خود حسن کسی دن
گھبرا کے کہیں عشق کا اظہار نہ کر دے

انسان کی کیا تاب جو برداشت کرے غم
خود عشق اگر اس کے سزا وار نہ کر دے

دیوانہ ہے صادقؔ، اسے روکو، اسے روکو
بد نام یہ ذوقِ رسن و دار نہ کر دے
***

سامنے آنکھوں کے وہ حسن تمام آ ہی گیا
خوف تھا جس کو وہ نازک تر مقام آ ہی گیا

دل سنبھلنے بھی نہ پایا تھا غم فریاد سے
دفعتہً میری زباں پر اُن کا نام آ ہی گیا

کیا کروں گا اس گھڑی اے جذبۂ بے اختیار
حُسن گھبرا کر اگر بالائے بام آ ہی گیا

اُن کے ہونٹوں سے بھی ہم نے مسکراہٹ چھین لی
رو بکار آج اپنا ذوقِ انتقام آ ہی گیا

آہ بھی کرنے نہ پایا تھا ترا بیمارِ غم
عشق میں اک انقلابِ تیز گام آ ہی گیا

سیکڑوں ہمت، کئی سعیِ نہاں کے باوجود
عشق پر اپنی وفا کا اتّہام آ ہی گیا

جس کو کہتا ہے زمانہ صادقؔ آشفتہ سر
انجمن میں تیری وہ بے ننگ و نام آ ہی گیا
***

تیری صدا ہے مجھ میں، آواز میری تو ہے
تیری رگِ گلو بھی میری رگِ گلو ہے

جب خار اور گل میں اک ربطِ رنگ و بو ہے
کانٹوں کی آرزو بھی پھولوں کی آرزو ہے

وہ کیا ملے کہ ہم کو اپنی خبر نہیں کچھ
کل اُن کی جستجو تھی، آج اپنی جستجو ہے

ہر سانس میں ہے پنہاں یوں تیری یاد ہمدم
جیسے نفس نفس کو تیری ہی آرزو ہے

وہ کب کے آ گئے ہیں اور سامنے کھڑے ہیں
لیکن نگاہ اب تک مصروفِ جستجو ہے

تاثیر عشق کہئے یا اِک جنوں سمجھئے
ہر پا نفس نفس میں اِک حشر آرزو ہے

صادقؔ نہ پوچھ مجھ سے کیوں کر بتاؤں تجھ کو
میں جس کو چاہتا ہوں اِک شوخِ تُند خو ہے
***

کیوں کر ہو التجائے کرم التجا کے ساتھ
دل مطمئن ہے تیرے غم لا دوا کے ساتھ

آنکھیں بھی خوں چکاں ہیں دل مبتلا کے ساتھ
کیوں آشنا کو ربط نہ ہو آشنا کے ساتھ

وارفتگیٔ ذوقِ تجسُّس نہ پوچھئے
ہم دو قدم بھی چل نہ سکے رہنما کے ساتھ

ممکن نہیں کہ سجدے سے اب سر اُٹھا سکوں
پیوست ہو گئی ہے جبیں نقش پا کے ساتھ

ہر لحظہ ہو رہا ہے معطّر مشام جاں
شاید بکھر گئے تیرے گیسو ہَوا کے ساتھ

دنیا سے بے نیاز ہوں شاعر ہے میرا نام
بالواسطہ ہے مجھ کو تعلق خدا کے ساتھ

صادقؔ کلام اُس کا ہے مرغوب خاص و عام
نسبت ہے جس کو غالبِ رنگیں نوا کے ساتھ

***

چھپایا ہے ترے جلووں سے خود کو عمر بھر میں نے
نہ کی برداشت اِک لمحہ بھی توہینِ نظر میں نے

سَراپا حُسن معنی ہے، مجسّم نورِ فطرت ہے
بہت نزدیک سے دیکھا ہے تجھ کو بے خبر میں نے

حرم اور دیر کی راہیں بہت مشہور عالم تھیں
مگر اپنے لیے ڈھونڈی نئی اِک رہ گزر میں نے

ابھی تک ہے فضائے آسماں لرزیدہ لرزیدہ
کبھی مانگی تھی دل سے اِک دعا پچھلے پہر میں نے

کبھی تم آؤ گے تو ایک ہچکی میں سُنا دوں گا
بڑی کوشش سے کی ہیں التجائیں مختصر میں نے

سمٹ کر آ گیا حُسن دو عالم ایک مرکز پر
تمہارے آستاں پر رکھ دیا جس وقت سر میں نے

کئی دل کش مناظر آئے راہ عشق میں لیکن
نہیں دیکھا کبھی صادقؔ کسی کو ٹوٹ کر میں نے
***

اُن کا وہ جلوۂ حسیں ہے جو میری نگاہ میں
اس کا جواب ہی نہیں مسجد و خانقاہ میں

عشرتِ دو جہاں ہے اب ہیچ مری نگاہ میں
مجھ کو ملا ہے وہ مزہ کوشش ضبط آہ میں

غنچہ و گل ہیں وجد میں، کیف ہے مہر و ماہ میں
کون یہ نغمہ ریز ہے پردۂ لا اِلٰہ میں

دردِ فراق کے سوا یادِ حبیب کے سوا
اور تو کچھ رہا نہیں مرے دلِ تباہ میں

مرکزِ رحمت و کرم صرف مِرا وجود ہے
لطف سا آ رہا ہے اب کشمکش گناہ میں

ضبطِ الم کے باوجود اشکِ الم نہ تھم سکے
پھر وہ بکھر کے رہ گئے دامنِ عذر خواہ میں

اہلِ وفا ہیں نغمہ سنج اہلِ سخن ہیں مدح خواں
بات ضرور ہے کوئی صادقِؔ رو سیاہ میں
***

نگاہ مشتاق تھرتھرائی، ہوا تلاطم دلِ حزیں میں
رکھا تھا پہلا قدم ہی میں نے تری محبّت کی سر زمیں میں

کبھی ستاروں سے چشمکیں تھیں کبھی مہ و مہر سے کشاکش
یہی مرا مشغلہ رہا ہے شباب کے دورِ اوّلیں میں

غمِ محبت نہ ہو نمایاں میری یہ کوشش رہی ہمیشہ
گرا جو آنکھوں سے کوئی آنسو چھپا لیا میں نے آستیں میں

مجھے گوارا ہیں تلخ باتیں مگر ہو انداز نرم و شیریں
خوشی سے پی لوں اگر پلاؤ ملا کے تم زہر انگبیں میں

نہ ہنس کے یوں میری سمت دیکھو کہ دے اٹھیں لو جگر کے چھالے
ہزار ہا بجلیاں بھری ہیں تمہارے اک خندۂ حسیں میں

تمہارے چہرہ کی ضو کے آگے کہیں ضیائیں نہ اپنی کھو دے
حجاب رنگیں سے جھانکتا ہے یہ چاند کیوں خلوتِ حسیں میں

ابھی تو میں عیش در بغل ہوں جہاں کے غم سے ہوں دور صادقؔ
تڑپ رہی ہیں ہزاروں موجیں فروغ مینائے آتشیں میں
***

دورِ نمو میں اپنے قدم یوں بڑھائیے
منزل کو راہ، راہ کو منزل بنائیے

پھیلا ہوا ہے قلزم ہستی میں اک جمود
موجوں سے ربط کیجئے طوفاں اٹھائیے

آئی بہار جوش پہ ہے فطرتِ جنوں
دامن بچائیے کہ گریباں بچائیے

ہوتی ہیں جب اندھیروں سے پیدا تجلّیاں
تاریکیوں سے نور کی شمعیں جلائیے

وہ ملتفت ہوئے ہیں تعجب کا ہے مقام
ضبط آزمائیے کہ وفا آزمائیے

ہنس ہنس کے بخشتے ہیں وہ مجھ کو غمِ حیات
منشا یہ ہے کہ رنج میں بھی مسکرائیے

ہر لمحہ آ رہی ہے صدا انقلاب کی
صادقؔ سنبھل سنبھل کے قدم اب بڑھائیے
***

افسانۂ حیات کا عنواں بدل گیا
شاید نظامِ عالم امکاں بدل گیا

ہم پر نگاہ تیز ہے اب اہل بزم کی
تم کیا بدل گئے کہ ہر انساں بدل گیا

دل پر نگاہ رُکتی نہیں ہے کسی طرح
شاید مقامِ جلوۂ جاناں بدل گیا

تاریکیوں میں ہو گئیں مدغم تجلّیاں
محفل کے ساتھ حسنِ چراغاں بدل گیا

آتی نہیں ہے دامن ساحل پہ کوئی موج
طوفاں وہی ہے، مرکز طوفاں بدل گیا

آزاد ہو کے بھی نہیں پایا ذرا سکوں
اتنا ہوا کہ صاحب زنداں بدل گیا

صادق ہر اک زبان پہ ہے ذکرِ انقلاب
ماحولِ شعر و رنگ سخن داں بدل گیا

***

شعور درد کسی اہلِ انجمن میں نہیں
مِری نوا کا شناسا کوئی وطن میں نہیں

قدم قدم پہ ہیں کانٹے روش روش پہ ہیں دام
کہیں قیام کی گنجائشیں چمن میں نہیں

گرا دیئے ہیں تمدّن نے راستی پہ حجاب
صداقتوں کا اثر اب کسی چلن میں نہیں

جو مرحلے مجھے پیش آئے ہیں محبّت میں
وہ مرحلے تو کہیں راہِ کوہ کن میں نہیں

تری نگاہ میں ہیں وہ تجلّیاں رقصاں
جو آفتابِ جہاں تاب کی کرن میں نہیں

بنی ہوئی ہیں وہی وجہ روشنیِ حیات
تجلّیاں جو مرے چاک پیرہن میں نہیں

ادب نے راہ غلط اختیار کی صادقؔ
مگر ذرا سا بھی احساس اہل فن میں نہیں
***

نہ دیکھ اے چارہ گر یوں غور سے تو زخم بسمل کو
تری ہمدردیوں سے ٹھیس لگتی ہے مرے دل کو

ہوئی نا معتبر اتنی زمانہ میں وفا اپنی
یقین آتا نہیں ہم چیر کر رکھ دیں اگر دل کو

ہمیں تو زندگی ملتی ہے آغوش تلاطم میں
مٹانا ہی پڑے گا امتیازِ بحر و ساحل کو

اسیری فطرت آزاد کی اک موت ہوتی ہے
نہ چھیڑ اے ہم نفس اس وقت رودادِ سلاسل کو

طلوعِ صبح تک شاید کوئی ہنگامہ ہو جائے
سحر ہونے سے پہلے ہی بدل دو رنگ محفل کو

بڑی مشکل سے ہوتا ہے کوئی نبّاض غم پیدا
ابھی دنیا سمجھ سکتی نہیں کیفیت دل کو

تعیّن پر ٹھہرنا جستجو کا نقص ہے صادقؔ
نکل جاتے ہیں اکثر توڑ کر ہم حدِّ منزل کو

***

چھیڑا جو کبھی درد کا افسانہ کسی نے
آنے لگے فوراً ہی جوانی کو پسینے

اے شوق رہ عشق میں تھم تھم کے قدم رکھ
نازک ہیں بہت منزل احساس کے زینے

حیرت نے مری دیکھ لیے ایسے بھی منظر
ساحل کے قریب آتے ہی ڈوبے ہیں سفینے

کچھ ایسے بھی لوگوں سے عبارت ہے تمدّن
جو نیک ہیں ظاہر میں تو باطن میں کمینے

افسوس کہ ساحل کا نشاں تک نہیں ملتا
رہ جاتے ہیں طوفان سے ٹکرا کے سفینے

اے دوست نہ ہو کم کبھی آزار کی لذّت
ناسوروں سے معمور رہیں عشق کے سینے

صادق یہی تا زیست رہی میری تمنّا
اِک روز میسّر ہوں مجھے غم کے دفینے
***

کم ہو سکی نہ شدّتِ دورِ فتن ابھی
"آماجگاہِ فتنہ و شر ہے وطن ابھی"

عفریت ظلم و جور ہے تخریب زن ابھی
انسانیت کے سر سے بندھا ہے کفن ابھی

خالی نہیں ہوا ہے بلا سے چمن ابھی
شاخوں میں ہیں چھپے ہوئے سانپوں کے پھن ابھی

ڈوبی ہوئی ہیں خون کی موجوں میں نکہتیں
شاید نکھار پر ہے شباب چمن ابھی

ہر گام پر ہیں تازہ حوادث کے سامنے
ہر منظرِ حیات ہے جرأت شکن ابھی

خود میں نے زندگی میں سموئی ہیں تلخیاں
خود میرے حوصلوں میں ہے دیوانہ پن ابھی

صادقؔ نہیں ہے کوئی نوا آشنا مگر
ہے تیری نغمگی میں وہی بانکپن ابھی
***

ابھی تو ہے دور وہ زمانہ کہ جب حقیقی خوشی ملے گی
دل و جگر کو سکوں ملے گا، لب و دہن کو ہنسی ملے گی

غمِ جدائی کی سختیوں کا اثر چھپا ہے نہ چھپ سکے گا
وہ ان کی چشمِ تبسّم آگیں کبھی کبھی شبنمی ملے گی

حیاتِ نو کی اندھیری قدریں قبول ہیں صرف اس یقیں پر
بلوغ پائے گی عقل اِک دن، شعور کو روشنی ملے گی

طلسمِ ہستی کی بندشوں میں نگاہ و دل ہیں اسیر لیکن
ملے گا کیفِ حیات دل کو نظر کو آسودگی ملے گی

حیات تعبیر ہے الم سے، الم میں کیف حیات مضمر
الم کی گہرائیوں میں پنہاں لطافتِ زندگی ملے گی

ابھی تو ہر قطرہ خونِ دل کا کراہتا ہے ہجوم غم سے
مگر وہ دن بھی قریب تر ہیں کہ جب اِسے نغمگی ملے گی

جہانِ بے آرزو میں صادقؔ بس اِک سہارا جلا رہا ہے
بُجھی ہوئی شمع آرزو کو کبھی تو رخشندگی ملے گی
★★★

مجھے حیرت سے دنیا دیکھتی ہے
یہ کس مرکز پہ میری زندگی ہے

نہ کر اے دل وفا داری کی باتیں
ابھی ناقص شعورِ آدمی ہے

وفا کی راہ میں چلنا سنبھل کر
بہت نازک وقارِ دوستی ہے

نہ گھبرا غم سے عشرت بھی ہے نزدیک
یہ ظلمت ہی نشانِ روشنی ہے

زمانہ سے میں آگے بڑھ گیا ہوں
مرے رستے کی ہر منزل نئی ہے

وہاں لے آئے ہیں مجھ کو حوادث
جہاں کا ذرّہ ذرّہ اجنبی ہے

نہیں صادقؔ کوئی اپنا شناسا
اسیرِ اجنبیّت آگہی ہے

***

ترا کرم تری خوشی تلاش کر رہا ہوں میں
قدم قدم پہ زندگی تلاش کر رہا ہوں میں

ازل میں جس نے روح کو کیا تھا عشق آشنا
وہی سُرورِ سرمدی تلاش کر رہا ہوں میں

ضیائے شمع طور ہے مِری نظر کے سامنے
ہر ایک گھر میں روشنی تلاش کر رہا ہوں میں

وفا کا جذبۂ نہاں کسی طرح تو جاگ اُٹھے
تری جبیں پہ برہمی تلاش کر رہا ہوں میں

خلوصِ دوستی نے بھی ہزارہا ستم کیے
مگر خلوصِ دوستی تلاش کر رہا ہوں میں

ازل سے صادقِؔ حزیں تری سرشت میں ہے غم
ترے لبوں پہ کیوں ہنسی تلاش کر رہا ہوں میں
***

انتظارِ لذتِ خوش کام سے کھیلا کیئے
عشق کے آغاز میں انجام سے کھیلا کیئے

عشق میں آیا نہ کوئی انقلاب تیز گام
عمر بھر ہم گردش ایام سے کھیلا کیئے

تیری زلفوں کے تصور میں گزاری زندگی
صبح کے بدلے سوادِ شام سے کھیلا کیئے

زندگی کی قید سے پائی نہ اِک ساعت نجات
عمر بھر ہم اِک شکستہ جام سے کھیلا کیئے

ابتدائے عشق کا عالم ابھی تک یاد ہے
جب کہ ہم اِک جذبۂ بے نام سے کھیلا کیے

جانے کیا صادقؔ نگاہِ دوست ہم سے کہہ گئی
ہم بس اک امیدِ عیش انجام سے کھیلا کیے
★★★

تنویر سحر پر جو اُداسی کا گُماں ہے
کفنائی ہوئی رات کی میّت کا نشاں ہے

کچھ کہنے تو دے حالتِ دل شدت جذبات
کہنے کے لیے یوں مرے مُنہ میں بھی زباں ہے

کہہ دو کہ چلا آئے اِدھر سیلِ حوادث
مُرجھائے ہوئے دل میں مگر عزمِ جواں ہے

یوں تو نظر آتا ہے ہر اک سمت چراغاں
گھر جس سے ہو روشن وہ اُجالا ہی کہاں ہے

پامالیِ جذبات کو ہم لاکھ چھپائیں
دل پر جو گزرتی ہے وہ چہروں سے عیاں ہے

چونکا نہیں سکتا ہمیں اب صُورِ زمانہ
چھایا ہوا احساس پہ وہ خواب گراں ہے

مرنے پہ بھی قائم ہے تڑپ ذوقِ وفا کی
آرام تو صادقؔ نہ وہاں تھا نہ یہاں ہے

***

تیرہ عکسِ سحر و شام گوارا کر لوں
زندگی کے غم و آلام گوارا کر لوں

جب نہ حاصل ہو کسی وقت مسرّت کی مٹھاس
کیوں نہ پھر تلخیِ آرام گوارا کر لوں

مرہم زخمِ حوادث ہی سمجھ کر اے دوست
تیرا بھیجا ہوا پیغام گوارا کر لوں

یہ تو ہے عظمت کردار کی توہینِ عظیم
کس طرح عشرتِ انجام گوارا کر لوں

اپنی آزادیِ افکار کی خاطر ہی سہی
خطرۂ قید تہِ دام گوارا کر لوں

چہرے افسردہ، بُجھے دل، تو نگاہیں ویران
عالم نَو کا یہ انعام گوارا کر لوں

اقتضائے دل حساس یہی ہے تو نہ کیوں
انقلابِ شرر آشام گوارا کر لوں

یہ تو اک ظلم ہے انسانیت عظمیٰ پر
کس لیے غیر کی دشنام گوارا کر لوں

خدمت خستہ دلاں شام و سحر اے صادقؔ
چھوڑ کر اپنا ہر آرام گوارا کر لوں
***

طوفانِ اضطراب بھی ہے غم کے ساتھ ساتھ
عالم ہے ایک اور بھی عالم کے ساتھ ساتھ

لب پر ہنسی سہی مگر آنکھوں میں اشک ہیں
یعنی تجھے خوشی ہے مرے غم کے ساتھ ساتھ

عالم سے کوئی کہہ دے مرے ساتھ وہ چلے
مجھ سے چلا نہ جائے گا عالَم کے ساتھ ساتھ

اس وقت ضبطِ غم کا تقاضا نہ کیجئے
دل رو رہا ہے دیدۂ پُر نم کے ساتھ ساتھ

خوف خدا بھی دل میں ہے عزمِ گناہ بھی
اُمید خُلد بھی ہے جہنّم کے ساتھ ساتھ

حُسن طلوعِ صبح سے دل کیوں ہو شاد کام
تاروں کا بھی تو خون ہے شبنم کے ساتھ ساتھ

صادقؔ یوں ہی رہے جو رواں اشک ڈر یہ ہے
دل بہہ نہ جائے گریۂ پیہم کے ساتھ ساتھ
***

جتنے قطرے ہیں گل پہ شبنم کے
سب دکھاتے ہیں آئینے غم کے

یہ جو رُخ پر نشان ہیں غم کے
عکس ہیں انقلابِ عالم کے

نظمِ عالَم میں انتشار سا ہے
عقدے سُلجھاؤ زلفِ برہم کے

پائے احساس کانپ کانپ اُٹھا
کتنے نازک ہیں مرحلے غم کے

کیوں چُراتے ہو آنکھ تاروں سے
سلسلے ہیں یہ اشک پیہم کے

خام سجدے جو صرفِ در نہ ہوئے
راہبر بن گئے وہ عالَم کے

آپ شاید کلامِ صادقؔ میں
کوئی پہلو نہ پائیں گے ذم کے
***

ہر طرف منظرِ ہنگامہ و شر آج بھی ہے
ہر تماشائے نظر زخمِ نظر آج بھی ہے

چلتی پھرتی ہوئی اک لاش ہیں ہم تو لیکن
زندگی کس کے لیے گرمِ سفر آج بھی ہے

ہر طرف مسلے ہوئے غنچے ہیں روندے ہوئے پھول
نظم گلشن کا بہ اندازِ دگر آج بھی ہے

ہم کو اے دوست نہ راس آئی رہائی اپنی
ہر قدم اک نئی زنجیر کا ڈر آج بھی ہے

حسن اخلاص محبّت ہے ابھی تک مستور
آدمیّت کا نشاں خاک بسر آج بھی ہے

سر چھپانے کی قفس میں بھی نہیں گنجائش
روز افزوں ستم برق و شرر آج بھی ہے

وقت نے بھی نہیں رکھا کوئی مرہم اب تک
وہی رِستا ہوا ناسور جگر آج بھی ہے

قصر روشن ہیں مگر اپنے مکاں ہیں تاریک
شبِ غم منتظرِ حسنِ سحر آج بھی ہے

اپنا صادقؔ نہیں محفل میں کوئی ہم آواز
وہی نا قدریِ اربابِ ہنر آج بھی ہے
***

جب اِدھر سے کوئی مجبور فغاں گزرا ہے
ایک ایک لمحہ مرے دل پہ گراں گزرا ہے

فطرۃً عشق ہے انساں کے لیے جزوِ حیات
ننگِ ہستی ہے وہ، جس کو یہ گراں گزرا ہے

عشق میں آئے ہیں ایسے بھی مقامات بہت
ہر صدا پر تری آہٹ کا گماں گزرا ہے

انقلابات نے رُخ پھیر دیا ہے اپنا
عشق جب لے کے کوئی عزم جواں گزرا ہے

اہل دانش کو عبث ناز ہے خود پر صادقؔ
اُن کا دیوانہ بھی آگاہ جہاں گزرا ہے

***

شکوہِ کج کُلاہی مُفلسی پر طنز کرتا ہے
تعجب ہے اندھیرا روشنی پر طنز کرتا ہے

ابھی انسانیت کا مہر عالم تاب ہے مدھم
ابھی تک آدمی خود آدمی پر طنز کرتا ہے

اِدھر آئے تو میں اُس کو بتاؤں عظمت ہستی
کہاں ہے وہ جو اکثر زندگی پر طنز کرتا ہے

حقارت سے نہ کیوں دیکھے غریب اہل امارت کو
جیسے ہوتا ہے غم پیارا خوشی پر طنز کرتا ہے

لبوں پر آ رہی ہے بھوک کی شدّت سے جان اپنی
مِرا فاقہ نظامِ زر گری پر طنز کرتا ہے

کوئی بڑھ کر رباب و چنگ کو خاموش کر دینا
مِرا مایوس نالہ نغمگی پر طنز کرتا ہے

حقائق کو سمجھنے کی یہ اِک منزل ہے اے صادقؔ
نہ جانے کیوں زمانہ عاشقی پر طنز کرتا ہے
***

میری منزل دور بھی ہے پاس بھی ہے کیا کروں
اے غمِ جاناں ترا احساس بھی ہے کیا کروں

تیری فطرت کو بدلنا تو نہ تھا آساں مگر
خود مجھے اپنی وفا کا پاس بھی ہے کیا کروں

رُک رہا ہوں کہتے کہتے اُن سے روودادِ الم
حلق گیر اب تیزیِ انفاس بھی ہے کیا کروں

تیرے چہرہ سے نقاب ناز اُلٹ دیتا مگر
کامیابی کی جلو میں یاس بھی ہے کیا کروں

مجھ پہ یہ ہنستے ہیں لیکن توڑ ڈالوں کیوں انہیں
غنچہ و گل میں تِری بو باس بھی ہے کیا کروں

جان دے دیتا جُدائی میں تڑپ کر ایک دن
تیرے ملنے کی مگر کچھ آس بھی ہے کیا کروں

اُن سے ربطِ دوستی کیوں کر میں صادقؔ توڑ دوں
نا موافق ہے وفا اور راس بھی ہے کیا کروں
***

ترے جور آزما اے انقلابِ آسماں ہم ہیں
مٹائے گا ہمیں کیا کارواں در کارواں ہم ہیں

دبا سکتی نہیں ظلمت ہمارے عزمِ محکم کو
اندھیروں میں اُجالوں کے نقیب و پاسباں ہم ہیں

ہماری خاک کو ہیں دو جہاں کی عظمتیں حاصل
کبھی فرش آستاں ہم ہیں، کبھی عرش آستاں ہم ہیں

ہمیں منظور ہے طوق و سلاسل کی گراں باری
اجازت دیجئے آمادۂ ہر امتحاں ہم ہیں

ہمارا ہر عمل جمہور کا واضح تقاضا ہے
عوامی راگ ہے جس میں وہ سازِ دل ستاں ہم ہیں

ہماری شاعری تبلیغ کرتی ہے محبت کی
زمانہ میں خلوص و دوستی کے ترجماں ہم ہیں

نظام زر ہمیں سمجھا نہ سمجھے گا کبھی صادقؔ
غریب و مفلس و مزدور و بے کس کی زباں ہم ہیں
***

یہ آج کون سے غنچوں نے سر نکالے ہیں
ہر ایک سمت چمن میں نئے اُجالے ہیں

ہمارے عزم کو سمجھیں گے کیا ہوس کے غلام
خلوص اور محبّت سے ہم نے ڈھالے ہیں

نشانِ منزل مقصود پا گیا ہے جنوں
وہ راستے میں ہیں جتنے بھی ہوش والے ہیں

پلا رہے ہیں مسلسل شراب ماہ و نجوم
یہ جام وہ تو نہیں تم نے جو اچھالے ہیں

مسائلِ غمِ ہستی کو کون سُلجھائے
یہ تار و پود نہیں مکڑیوں کے جالے ہیں

پناہ اہلِ وفا کو کہیں ملے کیوں کر
ستم شعاروں کے انداز ہی نرالے ہیں

میں حال اپنی تباہی کا لکھ نہیں سکتا
زبانِ خامہ پہ صادقؔ ہزار چھالے ہیں
***

ظالموں کے ہاتھ میں خنجر نہیں دوں گا کبھی
زندگی کو موت کا پیکر نہیں دوں گا کبھی

دوستوں میں بانٹ دوں گا زندگی کی عشرتیں
دشمنوں کو بادہ و ساغر نہیں دوں گا کبھی

موت ہے منظور ان کے سامنے جھُکنا حرام
جان تو دے دوں گا لیکن سر نہیں دوں گا کبھی

قافلہ پہنچے نہ پہنچے اپنی منزل پر مگر
راہ زن کو رخصتِ رہبر نہیں دوں گا کبھی

کتنا ہی مجبور کر دے دورِ نو صادقؔ مجھے
اپنے فن و علم کے جوہر نہیں دوں گا کبھی

***

اُن کی آنکھوں سے جب اشک ڈھلکے
مل گئے ہم کو مضموں غزل کے

اُن کے رُخ پر حجابوں کا عالم
صبح کے ساتھ جیسے دُھند لکے

ہم نہ کچھ کہہ سکے چل دئیے وہ
آرزو رہ گئی ہاتھ مَل کے

ہائے اُن کی وہ پیہم نوازش
زندگی ڈگمگائی سنبھل کے

ہر قدم پر تمنّا نچھی ہے
اب کہاں جائیں گے وہ نکل کے

حادثے رُک گئے آتے آتے
ہم بڑھے ہیں جو تیور بدل کے

امن کا ہے زمانہ یہ صادقؔ
چھوڑئیے ذکر جنگ و جدل کے
***

خلوص عام کرو دشمنی کا نام نہ لو
جلاؤ شمعِ وفا تیرگی کا نام نہ لو

شکستہ دل، نظر افسردہ، مضمحل اعصاب
یہ زندگی ہے تو پھر زندگی کا نام نہ لو

ہر ایک صاحب محفل ہے میرا درد شناس
اس انجمن میں کسی اجنبی کا نام نہ لو

جنوں کی آخری منزل پہ آ گیا ہوں میں
اب اس مقام پہ خود آگہی کا نام نہ لو

مرے بلند ارادوں کو ٹھیس لگتی ہے
مرے حضور کبھی بے بسی کا نام نہ لو

قدم قدم پہ نئے حادثے مقابل ہیں
ابھی مسرّت منزل رسی کا نام نہ لو

ابھی تو سیکڑوں جلوے نہاں ہیں اے صادقؔ
ابھی سے عیش کی بے مائگی کا نام نہ لو

***

ساقیا عہدِ بہاراں بھی طرب خیز نہیں
سامنے جام ہے لیکن ابھی لبریز نہیں

زندگی اپنی حقیقت سے شناسا ہو جائے
انقلابات کی رفتار مگر تیز نہیں

موجِ مضطر کا سہارا تو لیا تھا ہم نے
لیکن افسوس کہ طوفاں بھی دل آویز نہیں

خسروی مٹ گئی لیکن نہ مٹا نامِ وفا
کوہ کن آج بھی مشہور ہے پرویز نہیں

ذوقِ نظّارہ کی یہ موت نہیں ہے تو ہے کیا
پردہ اُٹھّا تو وہاں کوئی بھی ضَو ریز نہیں

آپ ہی کہیئے یہ ہے کون سا آئین وفا
مجھ سے پرہیز ہے اور غیر سے پرہیز نہیں

کاش صادقؔ کو کوئی پاس سے آ کر دیکھے
یوں تو خود دار ہے لیکن وہ کم آمیز نہیں
***

نئے عمل سے نظام جہاں بدل ڈالو
مزاجِ گردشِ ہفت آسماں بدل ڈالو

مسافروں کو سکوں جن کی چھاؤں میں نہ ملے
وہ شاخ کاٹ دو وہ سائباں بدل ڈالو

بناؤ اپنے لیے اِک نیا نظامِ حیات
سیاستِ دِگراں کے نشاں بدل ڈالو

نہ دے سکے جو کوئی زندگی کو نغمۂ کیف
وہ ساز توڑ دو وہ انگلیاں بدل ڈالو

بہار عارضی افسوں ہے رنگ و نکہت کا
بہار آتے ہی تم آشیاں بدل ڈالو

بلند کر کے ہمالہ پہ رایت جمہور
نظام کہنۂ ہندوستاں بدل ڈالو

نئی کہانی مرتّب کرو تم اے صادقؔ
قدیم طرز کی ہر داستاں بدل ڈالو

★★★

جب کہیں عظمت کردار کی بات آئی ہے
خلق نے ہستیِ انساں کی قسم کھائی ہے

اُن کی نظروں سے نظر میری جو ٹکرائی ہے
دل کا تو ذکر ہی کیا جان پہ بن آئی ہے

نام ہے جس کا محبّت کی زباں میں تسکیں
در حقیقت وہ مِرے درد کی انگڑائی ہے

کانپ کانپ اٹھی ہیں سورج کی سنہری کرنیں
شبنم آلودہ ترِی آنکھ جو شرمائی ہے

کس قدر عبرتِ نظارہ ہے انجامِ نمو
کھلنے سے پہلے کلی شاخ پہ مُرجھائی ہے

کوئی ہوتا ہی نہیں تیرے تصوّر کے سِوا
قابلِ رشک مِرا عالمِ تنہائی ہے

چھپ سکا تجھ سے نہ صادقؔ کوئی رازِ کونین
تو نے اے دوست عجب تیز نظر پائی ہے
***

مِری حیات کی ہر سانس اک شرارا ہے
ترے خیال نے شعلوں کا روپ دھارا ہے

سلگ رہے ہیں تری یاد کے دئیے دل میں
اُجڑ چکا ہے یہ گھر پھر بھی مجھ کو پیارا ہے

بنا کے سر کو قدم جا رہا ہوں اس کی طرف
بڑے ہی پیار سے جس نے مجھے پکارا ہے

تِرے کرم کو نہ بھولوں گا نا خدا ہر گز
وہاں ڈبوئی ہے کشتی جہاں کنارا ہے

فلک پہ پھیلی ہوئی ہے جو کہکشاں کی لکیر
ترے حسین تبسّم کا استعارا ہے

ترا خیال بھی جب مجھ سے ہو گیا تھا خفا
نہ پوچھ میں نے وہ دن کس طرح گزارا ہے

یہ تو نے راہ نکالی ہے کون سی صادقؔ
غزل میں تیری عجب رنگ آشکارا ہے
***

خود اُن کے جلوے نظر کے لیے حجاب ہوئے
وہ بے نقاب بھی ہو کر نہ بے نقاب ہوئے

مِرے خلوص کے پھر امتحان، کیا معنی
یہ تجربے تو ہمیشہ ہی کامیاب ہوئے

تم اپنی طور پہ کیا تھے زباں نہ کھُلواؤ
نظر کی زد پہ جب آئے تو آفتاب ہوئے

نہ جانے کتنے محبّت کے نام پر اُٹھے
جو دل پہ کھیل گئے وہ ہی کامیاب ہوئے

جو آ گئے تری نظروں میں پا گئے تسکیں
جو گر گئے تِری نظروں سے وہ خراب ہوئے

وہ انقلاب تھا پہلا ملیں تھیں جب نظریں
پھر اس کے بعد تو کتنے ہی انقلاب ہوئے

زباں پہ لا نہیں سکتا کبھی میں اے صادقؔ
کرم کی اوٹ میں کس کس طرح عتاب ہوئے
***

اخلاص کا اک جام نیا ہم نے بنایا
یوں میکدۂ مہر و وفا ہم نے بنایا

اک معبدِ مخصوص محبت کے سہارے
دنیا کے طریقوں سے جُدا ہم نے بنایا

جھُکتی ہیں جہاں نخوت و تمکیں کی جبینیں
وہ کعبۂ اخلاص وفا ہم نے بنایا

اے دوست یہ احسان ہمارا ہے کہ تجھ کو
دنیائے محبت کا خُدا ہم نے بنایا

ہم پر ہر اک انساں کی نظر پڑتی ہے صادقؔ
وہ مسلک تسلیم و رضا ہم نے بنایا

***

محفل محفل دیکھا ہے
تیرا جلوا جلوا ہے

راہ مسافر کیسے چلے
منزل منزل دھوکا ہے

ذوقِ نظر مایوس نہ ہو
پردہ اُٹھنے والا ہے

پینے والے پی بھی گئے
پیاسا اب تک پیاسا ہے

ڈھونڈنے والے ڈھونڈیں تو
قطرہ قطرہ دریا ہے

راہِ وفا میں گُم ہو کر
کیا کیا ہم نے پایا ہے

اُن کی تجلّی نے صادقؔ
ذہن و نظر کو لوٹا ہے
***

عاشقی اپنی حدِ گام سے آگے نہ بڑھی
میری تشہیر ترے نام سے آگے نہ بڑھی

دل کی باتیں نہ سُنیں سامنے آ کر اُس نے
دوستی نامہ و پیغام سے آگے نہ بڑھی

کارواں کیسے پہنچتا سرِ منزل اے دوست
ہمّت اپنی کبھی دو گام سے آگے نہ بڑھی

اُن کے جلووں سے شکایت کا نہیں کوئی محل
خود نظر اپنی در و بام سے آگے نہ بڑھی

رُک گئی زیرِ نقاب آ کے ضیائے رُخِ دوست
شام کی دھوپ کبھی شام سے آگے نہ بڑھی

منزلِ راہِ وفا تک نہ گیا ساتھ کوئی
رہبری کوششِ اقدام سے آگے نہ بڑھی

ہم وفا دار نہیں۔ ہم پہ یہ تہمت صادقؔ
ایک خود ساختہ الزام سے آگے نہ بڑھی
***

ہر ایک گام پہ شمع خلوص جلتی ہے
حیات جب رہِ انسانیت پہ چلتی ہے

زمانہ کو ہے ضرورت نئے اُجالوں کی
تم اپنی زلف سنوارو کہ رات ڈھلتی ہے

تلاش پر بھی ملے کیوں نشانِ منزل دوست
ادائے راہبری راستے بدلتی ہے

جہاں بھٹکتا ہے جب عقل کے اندھیروں میں
جنوں کی تیرہ شبی روشنی اُگلتی ہے

اِک ایسا موڑ بھی آتا ہے راہِ الفت میں
وفا تڑپتی ہے اور آرزو مچلتی ہے

غزل کو عام نگاہیں پرکھ نہیں سکتیں
غزل تو روح کی پہنائیوں میں پلتی ہے

کبھی ملا تھا جہاں سے سکون اے صادقؔ
وہیں پہنچ کے اب اُمید ہاتھ ملتی ہے

***

جب ذوقِ مکمل نے کی حوصلہ افزائی
ہر گام پہ اک منزل راہی کو نظر آئی

گلچیں کی حقیقت کیا بجلی بھی اماں چاہے
روندے ہوئے پھولوں کو آئے تو صف آرائی

اِک ایسا بھی ہنگامہ گزرا ہے نگاہوں سے
کانٹوں پہ بہار آئی پھولوں پہ خزاں چھائی

تم پھول تو چُنتے ہو محتاط مگر رہنا
زخمی نہ کہیں کر دے کانٹوں کی توانائی

دل میں غمِ جاناں ہے نظروں میں غمِ دوراں
یہ کیسی کشاکش ہے اے عالمِ تنہائی

اب تک دل ہر رگ سے کچھ خون ٹپکتا ہے
ہاں اے ستم جاناں اک اور بھی انگڑائی

اِک سمت درِ ایماں اک سمت درِ جاناں
اب کیسے ہو اے صادقؔ تکمیل جبیں سائی

***

راہ بے نشاں آئی موڑ بے سُراغ آئے
کیوں تلاش منزل پر نارسی کا داغ آئے

دے سکا نہ کوئی بھی روشنی محبت کی
یوں تو راہ منزل میں سیکڑوں چراغ آئے

ابتدا کی راہوں سے انتہا کی منزل تک
زندگی کے دامن پر کیسے کیسے داغ آئے

میکدہ میں ہستی کے زیست کی ضیافت کو
بے کسی کی مے آئی درد کے ایاغ آئے

کارواں محبت کا منزل اپنی کیا پاتا
جتنے راہبر آئے سب ہی بے چراغ آئے

تم قفس کو رکھ دینا آشیاں کے سائے میں
موسم بہاراں میں جب ہوائے باغ آئے

ہم وفا پہ قائم ہیں وہ جفا پہ مستحکم
دل کو اس کشاکش میں کس طرح فراغ آئے

کچھ عجب روش پر ہے رنگ ان کی محفل کا
باغ باغ ہم پہنچے اور داغ داغ آئے

زندگی کی الجھن کو تن دہی سے سلجھائے
ایسا کوئی تو صادقؔ صاحبِ دماغ آئے
***

تجھے ہم بد گماں ہونے نہ دیں گے
محبّت کا زیاں ہونے نہ دیں گے

نہ جلنے دیں گے دل غم کی تپش سے
تمنّا کو دھواں ہونے نہ دیں گے

کسی بھی نا شناس زندگی کو
شریک کارواں ہونے نہ دیں گے

کھلائیں گے کنول حسنِ وفا کے
زمیں کو آسماں ہونے نہ دیں گے

انہیں دیکھیں گے ہم اُن سے چھپا کر
کسی کو درمیاں ہونے نہ دیں گے

وفا معراج ہے انسانیت کی
اسے ہم رائگاں ہونے نہ دیں گے

ہر اک غم روک لیں گے دل پہ صادقؔ
حوادث کو جواں ہونے نہ دیں گے
***

یہ زندگی ہے کہ اے دوست اس کا سایہ ہے
قدم قدم پہ مسلّط مہیب اندھیرا ہے

جمالِ شمع کو شمع جمال سمجھا ہے
یہ اصلیت نہیں اے دل نظر کا دھوکا ہے

نگاہ صورت و معنی کا فرق کیا جانے
یہ بات وہ ہے جسے صرف دل سمجھتا ہے

روش روش پہ ہے تاریکیِ ظلوم و جہول
خرد ہے سر بگریباں معاملہ کیا ہے

کسی جگہ نہیں روشن حیات کی قدریں
ہر ایک سمت اندھیروں کا بول بالا ہے

ہوس کی موت پہ بھی نفس مطمئن تو نہیں
یہ زندگی بھی عجب آرزو تماشا ہے

زمیں لپیٹ تو لی ذوقِ جستجو نے مگر
ہنوز جادۂ منزل سراب آسا ہے

نگاہ دوست کی دعوت پہ جا رہا ہوں میں
بڑے خلوص، بڑے پیار سے بُلایا ہے

وہ جاں نثارِ وفا جس کا نام ہے صادقؔ
تمہاری انجمنِ ناز میں اکیلا ہے
***

آتی ہیں گلستاں سے مسموم ہوائیں بھی
بدلی ہیں زمانہ نے مانوس فضائیں بھی

تقدیر بُری کہیے یا اُن کا ستم کہیے
سر پھوڑ کے آتی ہیں مجبور دعائیں بھی

تنظیم گلستاں ہے اب تک اُسی مرکز پر
کانٹوں سے اُلجھتی ہیں پھولوں کی قبائیں بھی

ہیں خال و خد آج اُن کے صیدِ ہوس انساں
اٹھیں نہ کبھی جن کے چہروں سے ردائیں بھی

تھیں وہم و گُماں سے بھی جو دُور بہت کل تک
اب عقل کی زَد پر ہیں وہ ساری خلائیں بھی

اے نالۂ مجبوری لے اور بڑھا اپنی
اُن تک کہیں پہنچی ہیں کمزور نوائیں بھی

مغرور جفاؤں کے خود ہاتھ رکیں صادقؔ
خود دار تو ہو جائیں مجبور وفائیں بھی
***

ہم ساحلِ مراد کے دھوکے میں کھو گئے
طوفان میں جو کود پڑے پار ہو گئے

گزرے ہیں ایسے لوگ بھی راہِ حیات سے
ناکامیِ حیات کے جو داغ دھو گئے

خوابیدہ راستے تھے تو گرم سفر تھے لوگ
جاگے جو راستے تو مسافر ہی سو گئے

جوڑے شکستہ دل نہ کبھی اہلِ دہر نے
آپس میں نفرتوں کے مگر بیج بو گئے

بخشے گی حشر تک نہ کبھی زندگی اُنہیں
مرہم کی آڑ لے کے جو نشتر چھو گئے

رحمت گناہ گاروں پہ ہے مائل کرم
کیا پوچھنا ہے ان کا جو دامن بھگو گئے

قائم ہے آبروئے غزل ان کی ذات سے
صادقؔ جو شعر شعر میں موتی پرو گئے
***

روشنی کے روپ میں داغِ وفا ڈھلنے لگے
شام ہوتے ہی چراغوں کی طرح جلنے لگے

بجلیوں کی شکل میں آئی گلستاں میں بہار
ڈالیاں تپنے لگیں اور آشیاں جلنے لگے

جن کو ہم نے دل سے چاہا جن کو سمجھا اپنا دوست
ناگ بن کر آستینوں میں وہی پلنے لگے

ان کی دزدیدہ نگاہی کا وداعی التفات
دل کے جتنے زخم تھے پھر پھولنے پھلنے لگے

چھوڑ دینا چاہیے تکمیل کی اُمید بھی
جب محبّت خود ہوس کے رنگ میں ڈھلنے لگے

تنگ آ کر رہنماؤں کے غلط برتاؤ سے
خود بنا کر اپنا رستہ راہ رو چلنے لگے

محفلِ شعر و سخن میں تھا اندھیرا ہر طرف
صادقؔ اپنے آتے ہی سارے دیئے جلنے لگے
***

ہم ہیں رازِ سن و در سمجھنے والے
عشق کا عزمِ جنوں کار سمجھنے والے

نرمیِ شبنمِ گل سے بھی سراسیمہ ہیں
پھول کی شاخ کو تلوار سمجھنے والے

بڑھ کے سورج پہ بھی رکھ دیتے ہیں اپنی کفِ شوق
شدّتِ گرمیِ رخسار سمجھنے والے

منزلِ شوق کو خود پاس بُلا لیتے ہیں
نبضِ جذبات کی رفتار سمجھنے والے

خاک ہوتی ہے فلک رس یہ نہ بھولیں ہر گز
ہم کو افتادہ و نادار سمجھنے والے

اہل دانش تو نہ سمجھے مری باتیں صادقؔ
کچھ مگر نکلے قدح خوار سمجھنے والے
***

ہزار بار مٹی زندگی بنا خلوص
مگر کہیں نہ ملی روشنی بنام خلوص

مِری حیات نے کھائے ہیں بار ہا دھوکے
کبھی بہ نام محبت کبھی بہ نام خلوص

عجب ہے گردش دوراں کی کار فرمائی
عطا ہوئی ہے ہمیں دشمنی بنام خلوص

بہ ناز حُسن بہاروں کا فیض عام ہوا
کلی وفا کی ترستی رہی بنام خلوص

شعور و عقل کی تادیب بھی نہ کام آئی
فریب کھاتی رہی زندگی بنام خلوص

کسے سُنائیں غمِ دل کی داستاں صادقؔ
ملا نہ ہم سے کوئی آدمی بنام خلوص

★★★

شبنم شعلہ بن جاتی ہے شعلے شبنم ہو جاتے ہیں
جب اُن سے نظر مل جاتی ہے جذبے مدھم ہو جاتے ہیں

اُن کی نظر سے میرے دل تک ظاہر میں تو دوری ہے بہت
لیکن وہ بھی وقت آتا ہے فاصلے خود کم ہو جاتے ہیں

چلتی نبضیں رُک جاتی ہیں عالم غیر سا ہو جاتا ہے
جب ان کے گلگوں عارض پر گیسو برہم ہو جاتے ہیں

شہنائی رس کھو دیتی ہے غم کے بادل چھا جانے پر
نغمے آہوں میں ڈھل ڈھل کر آخر ماتم ہو جاتے ہیں

جامہ دری پر جن کی اکثر اہلِ دانش ہیں طنز کُناں
پیراہن اُن دیوانوں کے اک دن پرچم ہو جاتے ہیں

دل کی بات نہ لا ہونٹوں پر ورنہ رسوا ہو جائے گا
جانتا ہے دیوارو در بھی اکثر محرم ہو جاتے ہیں

صادقؔ مجھ کو خاص تعلق مُدّت گُزری اُس در سے ہے
سرکش انسانوں کے سر بھی جس در پر خم ہو جاتے ہیں
***

ان کی بے نیازی سے کشمکش سی جاری ہے
موت کی بھی چاہت ہے زندگی بھی پیاری ہے

ہم سا اہل عالم میں کون ہو گا ہم نے تو
حادثوں کے دامن میں زندگی گزاری ہے

چند ایسے شعلے بھی آنسوؤں میں رقصاں تھے
جن کو ہم نے پی پی کر دوستی سنواری ہے

زخم پر نمک چھڑکو، چارۂ خلش بھی دو
یہ بھی غمگُساری ہے وہ بھی غمگُساری ہے

دو جہاں کی راحت ہے ہر نفس ہمیں حاصل
دل کی بے قراری پھر دل کی بے قراری ہے

ایسے کچھ مناظر بھی گزرے ہیں نگاہوں سے
موت بھی جہاں آ کر زندگی سے ہاری ہے

رحمتیں برستی ہیں آسمان سے ہم پر
رشکِ اتقا صادقؔ اپنی گنہگاری ہے

***

دھرتی کے ظالم لوگوں نے چھوڑے ہیں فوّارے چند
نیل گگن پر تیر رہے ہیں جلتے ہوئے انگارے چند

کومل کومل تیری آنکھیں جن سے بچنا سہل نہیں
ڈوب گئے ہیں ان جھیلوں میں تیرے غم کے مارے چند

تیری فرقت میں آنسو یوں ڈول رہے ہیں پلکوں پر
جیسے بچّے چھوڑ رہے ہوں رنگ بھرے غبارے چند

میرا نشیمن جلتے جلتے گلشن کو بھی لے ڈوبا
شعلوں کی زد میں آ ہی گئے غنچے پیارے پیارے چند

دل کی چوٹ دبائی لیکن آنکھوں نے اظہار کیا
رو کے ہم نے آنسو پھر بھی پھوٹ ہی نکلے دھارے چند

عزم کا پرچم لے کر جتنے کودے ہیں میدانوں میں
دیکھا ہے دنیا نے اکثر جیتے زیادہ ہارے چند

صادقؔ کس کس کو ہم روئیں، کس کس پر ہم ناز کریں
بھاگ کے اپنے پہلے سے ہی ٹوٹ چکے ہیں تارے چند

***

محض فقروں سے کہیں بھرتا ہے مینائے غزل
دل میں ہو عشق کی دھڑکن تو کہی جائے غزل

سُرمہ درد دیا غازۂ احساس دیا
جب کہیں جا کے سنواری گئی لیلائے غزل

آ کے تم پاس جو بیٹھو تو جنوں رقص کرے
اُٹھ کے تم پاس سے جاؤ تو کہی جائے غزل

سُنتے ہیں شہر تمنّا میں لگا ہے میلا
چل کے ہم بھی تو ذرا دیکھیں تماشائے غزل

خون دل اشک وفا شبنم حسرت پا کر
تُند اور تیز ہوئی اور بھی صہبائے غزل

سوزِ دل سازِ انا درد و وفا جذب و سلوک
کائنات ہمہ صد رنگ ہے دنیائے غزل

زخم کے پھول، نگاہوں کے کنول، دل کے چراغ
چند یہ بھی سہی من جملۂ اجزائے غزل

ذہن جب تک کہ نہ ہو با خبرِ ذوق جمال
غیر ممکن ہے مکمل ہو سراپائے غزل

چوٹ دل کی کسے ہم جا کے دکھائیں صادقؔ
انجمن میں نہیں کوئی بھی شناسائے غزل

***

زندگانی کی تگ و تاز غزل میں ڈھالو
شاعرو! وقت کی آواز غزل میں ڈھالو

وقت کا ہے یہ تقاضا کہ بھُلا کر غمِ دوست
غمِ ہستی کا ہر انداز غزل میں ڈھالو

رسن و دار کو سمجھو نہ علاماتِ ستم
اِن میں پنہاں جو ہے وہ ساز غزل میں ڈھالو

بے عمل رہ کے نہ سوچو کبھی لطفِ انجام
لذّتِ کوششِ آغاز غزل میں ڈھالو

یا حقائق سے الگ رہنے کا کر دو اعلان
یا نوا ہائے سر اَفراز غزل میں ڈھالو

اب قفس اور اسیری کا بیاں ہے بے سُود
ذوقِ آزادیِ پرواز غزل میں ڈھالو

چھوڑ کر کہنہ روایاتِ غزل کو صادقؔ
تم بھی اب وقت کی آواز غزل میں ڈھالو
★★★

گو بظاہر یوں تو با حالِ زبوں ہوتا بھی ہے
آئینہ دارِ خرد لیکن جنوں ہوتا بھی ہے

تیری نظروں کے شرارے تیری آنکھوں کے چراغ
جب بھڑک اُٹھیں تو ارمانوں کا خوں ہوتا بھی ہے

آرزوؤں کی چتائیں حسرتوں کی مشعلیں
تجھ سے رہ کر دور عالم دل کا یوں ہوتا بھی ہے

حادثے کیا ہیں مرے آشفتہ دل کی دھڑکنیں
زندگی کو جن کے دامن میں سکوں ہوتا بھی ہے

کیوں محبت کے جنوں کو ہم نہ سینے سے لگائیں
باعثِ تسکیں یہی جذبِ دروں ہوتا بھی ہے

صبح کے انوار سے ہم کیف پاتے ہیں مگر
صبح کی تخلیق میں تاروں کا خوں ہوتا بھی ہے

اہلِ عشرت کاش صادقؔ یہ بھی رکھیں دھیان میں
ساغرِ لبریز اکثر واژگوں ہوتا بھی ہے
***

نکلی جو بزمِ دوست میں کل زندگی کی بات
میرے سِوا، سُنی نہ گئی پھر کسی کی بات

دل پر پڑی ہوئی ہیں اندھیروں کی چلمنیں
اور لوگ کر رہے ہیں یہاں روشنی کی بات

خشکی لبوں پہ پیاس کی، چہرہ پہ گرد راہ
منزل سے دور کون سُنے اجنبی کی بات

ہم کو تو ہے بہ نامِ وفا جان سے عزیز
وہ دوستی کی بات ہو یا دشمنی کی بات

رازِ حیات کھولے اسی ایک بات نے
جس کو کہا شعور نے دیوانگی کی بات

ہر سمت اہتمامِ بہاراں کے باوجود
آتی نہیں چمن میں نظر تازگی کی بات

ذہن و نظر اسیر مصائب ہیں اِن دنوں
صادق کہاں سے لاؤ گے تم دل کشی کی بات
***

دل میں یوں عشق مکیں ہو جیسے
ایک دنیائے یقیں ہو جیسے

اس طرح مجھ سے گریزاں ہے نشاط
تیرے کوچے کی زمیں ہو جیسے

تیرے ہونٹوں کی نزاکت معلوم
نرم پھولوں کی جبیں ہو جیسے

دار پر چین سے نیند آئی ہے
زلف کی چھاؤں یہیں ہو جیسے

غم کے پردوں میں ہے یوں دفن حیات
آسماں زیرِ زمیں ہو جیسے

برہمی یوں ہے تیرے چہرے پر
آگ پھولوں کے قریں ہو جیسے

تو نے کیا داغ دیا ہے دل کو
خوبصورت سا نگیں ہو جیسے

یوں وہ اب مجھ سے جُدا رہتے ہیں
کچھ تعلّق ہی نہیں ہو جیسے

عنبریں زلف کا ٹھنڈا سایہ
دامنِ خلدِ بریں ہو جیسے

یوں بھی محسوس کبھی ہوتا ہے
کوئی آغوش نشیں ہو جیسے

اِس طرح سینہ میں دل ہے صادقؔ
دولت غم کا امیں ہو جیسے

★★★

یوں عطر بیز تیری قبا کا ہے بند بند
جیسے مہک رہا ہو گلابوں کا تاشقند

جگنو نہ مل سکے تری آنکھوں کے بھی ہمیں
پھینکی تھی یوں تو ہم نے ستاروں پہ بھی کمند

کس شکل میں دکھاؤں تجھے زخم دل کے پھول
رقصاں ہے تیرے ہونٹوں پہ ہر وقت زہر خند

یہ تیری یاد ہے کہ مداوائے خستگی
میرے بدن کا کھلنے لگا آج بند بند

آ پہنچا کس جگہ میں تلاشِ حیات میں
آتی نہیں جہاں سے نظر کوئی شے بلند

بحرِ الم میں بھی ہیں تن آسانیاں نصیب
ہمدم ہے موج موج تلاطم ہے درد مند

ارمان اُڑ رہے ہیں ہواؤں کے دوش پر
تیرے کرم سے عشق ہوا ہے جو سر بلند

جب سے پناہ دی تری زلفوں کی چھاؤں نے
پہنچا سکے نہ مجھ کو حوادث کوئی گزند

صادقؔ خلوص دل بھی ہے اس میں لہو کے ساتھ
ایک ایک شعر کیوں نہ غزل کا ہو ارجمند

***

یوں ہم ارباب سر خوشی سے ملے
اجنبی جیسے اجنبی سے ملے

دوستوں کے خلوص کی سوگند
زخم کیا کیا نہ دوستی سے ملے

وقت نے رکھ لیا نشانے پر
راہ میں ہم اگر کسی سے ملے

ساتھ جب زندگی نے چھوڑ دیا
ہم کب اس جانِ زندگی سے ملے

رنگ پھولوں کو۔ روپ تاروں کو
آپ کی چشم شبنمی سے ملے

ہم کو سمجھا نہ کوئی اے صادقؔ
ہم تو جھُک کر ہر اک کسی سے ملے

***

کیوں کسی کا ہو دریوزہ گر اہل فن
اہلِ فن خود ہے اپنی جگہ انجمن

وقت نے سعیٔ چارہ گری کی مگر
مندمل کب ہوا اپنا زخمِ کہن

زندگی کی تڑپ کارواں کارواں
عشق کی کش مکش انجمن انجمن

زندگی میں عجب انقلاب آ گیا
دوست دشمن بنے راہبر راہزن

بیٹھ جائیں سرِ راہ کیوں تھک کے ہم
حوصلے جب بڑھاتی ہو دل کی لگن

محرمِ راز صادقؔ بنائیں کِسے
پارہ پارہ ہے انسانیت کا چلن

***

گرمی جو وفا کی گھٹ گئی ہے
محفل کی بساط اُلٹ گئی ہے

آلام کی گرد چھٹ گئی ہے
خانے خانے میں بٹ گئی ہے

کیا تیز قفس کی تیلیاں تھیں
شعلوں کی زبان کٹ گئی ہے

منزل کا جہاں سے راستہ تھا
ہر راہ وہیں سے کٹ گئی ہے

ہے ہے یہ مآل روشنی کا
سائے کی طرح سمٹ گئی ہے

صادقؔ مری ہستی جفا کش
ہر غم کے حضور ڈٹ گئی ہے
***

مٹ گئیں صورتیں سب ذوقِ سفر کے آگے
اب خلائیں ہی خلائیں ہیں نظر کے آگے

ڈھونڈنے والے اجالوں کے گرا دیں اس کو
رات ہے صورتِ دیوار سحر کے آگے

اس قدر تیرگیاں چھائی ہوئی ہیں ہر سُو
صبح بس ایک چھلاوہ ہے نظر کے آگے

شوق نے آج بٹھائے ہیں نظر کے پہرے
کون آتا ہے تری راہ گزر کے آگے

سامنا کرنے کی ہمت تو نہیں ہے لیکن
لوگ رکھ دیتے ہیں پتھر مِرے گھر کے آگے

فن کی تکمیل کی خاطر ہمیں صادقؔ اکثر
سر جھُکانا ہی پڑا اہلِ ہنر کے آگے
***

انسان کا اس دور میں کیا حال ہوا ہے
اک خستہ مسافر کی طرح آبلہ پا ہے

ایٹم ہیں میزائل ہیں اور سعئ بقا ہے
انسان تباہی کے دو راہے پہ کھڑا ہے

رکھتا ہوں جہاں پاؤں نکلتی ہے وہیں آگ
جس ذرّہ کو چھوتا ہوں وہی شعلہ نما ہے

ہستی کی جو قدریں ہیں وہ کیوں کر ہوں سرافراز
ماحول تمدن کا گلا گھونٹ رہا ہے

آہیں ہیں کراہیں ہیں مصائب ہیں الم ہیں
ہے نام سکوں جس کا، کہیں اُس کا پتا ہے؟

ہر چند مِرا عصر نہ سمجھے مجھے لیکن
میرے لیے تاریخ کا دروازہ کھُلا ہے

محسوس یہی ہوتا ہے اکثر مجھے صادقؔ
اِک کرب مسلسل مرے زخموں کی دوا ہے
★★★

وقت کی پھانس سے دل خون ہے لالے کی طرح
آج ہر سانس کھٹکتی ہے جو کانٹے کی طرح

یہ مری کارگہِ شوق یہ بزم احساس
سونی سونی سی ہیں ماضی کے خرابے کی طرح

آدمیت میں سکت ہے نہ تڑپ ہے نہ خروش
چلتی پھرتی ہے مگر صرف جنازے کی طرح

کم ہی لوگوں کو ملا کرتی ہے اس کی تنویر
زندگی اصل میں ہے صبح کے تارے کی طرح

کیسی بالیدگیِ شوق، کہاں ذوقِ نمو
دلِ افسردہ ہے سوکھے ہوئے پتّے کی طرح

اے دلِ سوختہ میری ہی کہیں خاک نہ ہو
اُڑتی پھرتی ہے جو سڑکوں پہ بگولے کی طرح

زندگانی کی کڑی دھوپ میں جانِ صادقؔ
ساتھ رہتی ہے تری یاد ہی سائے کی طرح
***

رہِ وفا میں رسن اور دار کے سائے
رہے ہیں ساتھ کئی روپ دھار کے سائے

ہمیں تو کاکلِ ہستی کی چھاؤں کافی ہے
مبارک اہلِ ہوس زلفِ یار کے سائے

ہیں دل کے ساتھ بہ ایں شکل درد کے پرتو
کہ جیسے پھول کے ہمراہ خار کے سائے

تم آ گئے جو سرِ بام بہرِ نظّارہ
ٹھہر گئے ہیں شبِ جلوہ بار کے سائے

یہ پیش خیمہ نہ ہو انقلاب فردا کا
لرز رہے ہیں یمین و یسار کے سائے

شوالہ اُن کا، حرم اُن کا، میکدہ ان کا
کہاں کہاں نہ پڑے اقتدار کے سائے

یہ بزم خود نگراں ہے یہاں تو اے صادقؔ
نہ مل سکیں گے خلوص اور پیار کے سائے
***

لمس نے تیرے جلائے وہ چراغ آج کی رات
تیز لو دینے لگے سینے کے داغ آج کی رات

سارے ماحول پہ اک قوس قزح پھیل گئی
لب تک آئے جو اُن آنکھوں کے ایاغ آج کی رات

ذہن مجہول بھی ہے دیدۂ بینا بھی ہے
کس کو ملتا ہے تجلی کا سُراغ آج کی رات

میرے شانوں پہ ہے بکھری ہوئی زلفوں کی شمیم
زندگانی کو میسر ہے فراغ آج کی رات

ہاں تری یاد کا پھر جشن منانے کے لیے
مَیں نے سُلگائے ہیں پلکوں پہ چراغ آج کی رات

ہے کوئی زہرہ جبیں زینتِ آغوشِ حیات
آسمانوں سے بھی اونچا ہے دماغ آج کی رات

گھر میں کیا آ گئی وہ جانِ بہاراں صادقؔ
ایک ایک گوشہ سجا صورت باغ آج کی رات
***

ایک اک لمحہ مجھے زیست سے بیزاری ہے
میرا ہر سانس سُلگتی ہوئی چنگاری ہے

دھوپ ہی دھوپ ہے سائے کا کہیں نام نہیں
زندگانی کا سفر پھر بھی یہاں جاری ہے

کیا ہی اوراق مصوّر ہیں کتاب دل کے
سوچ میں ہوں کہ یہ کس قسم کی دل داری ہے

یہ سمٹتے ہوئے سائے یہ لرزتے در و بام
اک نئی صبح کے اعلان کی تیاری ہے

ہر قدم پر نظر آئے ہیں صلیبوں کے ستون
یہ کوئی خواب ہے یا عالم بے داری ہے

کیوں اُٹھیں پاؤں جنوں کے سوئے منزل صادقؔ
ایک اک گام سلاسل کی گراں باری ہے

***

ساتھ ہے محشرِ جذبات مگر پھر تنہا
ایک سُونی سی ڈگر پر ہے مسافر تنہا

کوئی سایہ بھی نہ تھا ہمرہ صحرائے طلب
چل پڑا عشق کڑی دھوپ میں آخر تنہا

میرے ہمراہ تِری یاد ہے، تیرا غم ہے
میں زمانہ کی نظر میں ہوں بظاہر تنہا

وقت نے ذہن سے ہر نقد مٹا ڈالا ہے
سادہ کاغذ لیے بیٹھا ہے مصور تنہا

غیر کی بستی میں آوارہ ہے یوں میرا وجود
جس طرح شہر خموشاں میں مجاور تنہا

صادقؔ اب تک نہیں پہچان سکا کوئی تجھے
رنگ کا اپنے تُو ہے شہر میں شاعر تنہا
***

ہاں ہم نفسو بڑھ کے کوئی ضرب گراں اور
ٹوٹی ہوئی دیواروں کے باقی ہیں نشاں اور

بر خود غلط ارباب چمن کو نہیں معلوم
پھولوں کی زباں اور ہے نقشوں کی زباں اور

اے اہل نظر وقت کے ماتھے پہ شکن ہے
دیکھو نہ بڑھے سوختہ جانوں کا دھواں اور

میری تو یہ کوشش ہے کہ پلکوں ہی پہ رُک جائیں
اشکوں کا یہ عالَم ہے کہ ہوتے ہیں رواں اور

دل کو طلب لذتِ آزار بہت ہے
بڑھنے دو ذرا رابطۂ تیر و کماں اور

آسان نہیں ہے کہ تُنک ظرف اسے سمجھیں
ہے بات مِری اور، حدیثِ دگراں اور

غالبؔ ہی سے تحریک سخن مجھ کو ملی ہے
کیوں کر نہ ہو صادقؔ مرا اندازِ بیاں اور
***

سکوں کی چھاؤں نہ آسودگی کا بادل ہے
مری حیات ہے یا بے کسی کا جنگل ہے

سفر طویل سہی جستجو کی راہوں کا
ہمارے ساتھ مگر آبلوں کی چھاگل ہے

فضائے تیرہ میں منزل کی جستجو کے لیے
خرد کے ہاتھ میں جہد و عمل کی مشعل ہے

نگار خانۂ ہستی میں گھُٹ رہا ہے دم
ہر اک مقام یہاں زندگی کا مقتل ہے

اُلٹ رہا ہوں تصوّر کا ایک ایک ورق
مگر تمہاری ہی صورت نظر سے اوجھل ہے

نصیب قربتِ منزل ہو کیا مسافر کو
ہر ایک گام پہ بے گانگی کی دلدل ہے

فرازِ دار سے صادقؔ ہمیں سنائیں گے
وہ داستان ابھی تک جو نامکمل ہے
***

(علی گڑھ مسلم یونیورسٹی کے شعبۂ اردو کے غالب صدی کے سلسلے میں ہونے والے طرحی مشاعرے کے لئے کہی گئی)

گلشن نژاد ہوں نہ بہار آفریدہ ہوں
صحرائے ہست و بُود میں خارِ و میدہ ہوں

میرا مقام موت کی منزل سے ہے پرے
کیوں محفلِ حیات میں پھر آرمیدہ ہوں

آواز میری قید ہے زندانِ وقت میں
نغمہ تو ہوں ضرور مگر نا شنیدہ ہوں

توہینِ ذات ہے جو کروں غیر کی تلاش
خود اپنی جستجو میں گریباں دریدہ ہوں

پیغمبر نمو ہے مِرا ایک ایک ورق
جس کی کوئی مثال نہیں وہ جریدہ ہوں

چشمِ نظارہ دیکھ سکے گی نہ عمر بھر
میں بزم کائنات کا رنگ بریدہ ہوں

ارباب عقل و ہوش سبق مجھ سے لیں کہ میں
ہر انقلاب تازہ کا لذت چشیدہ ہوں

بونے تو خیر بونے ہیں لیکن خدا گواہ
قد آوروں کی صف میں بھی قامت کشیدہ ہوں

صادقؔ شعور و عقل و خرد کی جناب میں
میرا یہ ہے قصور کہ میں بر گزیدہ ہوں
***

حادثوں کو کلفتِ ہستی کا اندازہ کہو
زندگی کی عشرتوں کو غم کا خمیازہ کہو

یاس و حسرت بے کسی سوز و خلش درد و فراق
مجتمع ہو جائیں تو الفت کا شیرازہ کہو

آج بدنامی میں پنہاں صورتِ تشہیر ہے
ہو سکے تو اپنی بد نامی کو آوازہ کہو

آرزو کے خون کو سمجھو شرابِ زندگی
دل کی خاکستر کو اپنے چہرہ کا غازہ کہو

جادۂ شوق و وفا میں بہر درمانِ جنوں
کیا تماشا ہے کہ ہر پتھر کو دروازہ کہو

اپنے ہاتھوں سے جلاتا ہے چمن کو باغباں
جبر اُس پر یہ کہ ہر گل کو تر و تازہ کہو

کچھ تعلّی ہی نہیں صادقؔ حقیقت بھی ہے یہ
ہر غزل کو میری فکر و فن کا شیرازہ کہو
***

اُٹھو تدبیر کے ناخن سنبھالو
ضمیرِ وقت کے کانٹے نکالو

بجھا دی پیاس ہر کانٹے کی تم نے
مبارک باد اے پاؤں کے چھالو

ضمیر عصر مُردہ ہو چکا ہے
ڈبو کر خون میں ساغر اُچھالو

لکیریں ہاتھ کی کچھ بولتی ہیں
یہی ہے وقت قسمت آزما لو

فروزاں آتش نمرود ہے پھر
براہیمی دعا کا آسرا لو

یہاں اظہارِ حق ہے جُرم صادقؔ
مناسب تو یہی ہے زہر کھا لو
✱✱✱

پابند رسم و راہِ مقرر نہیں ہوں میں
ڈوبے ہوئے ستاروں کا مظہر نہیں ہوں میں

جسموں کا لمس کرتا ہے بالیدہ روح کو
میرے قریب آؤ کہ پتھر نہیں ہوں میں

اہلِ ہوس کو خوف ہے مجھ سے نہ جانے کیوں
جادو نہیں، فسوں نہیں، منتر نہیں ہوں میں

چھوتے ہوئے نہ ڈر مجھے اے دستِ اشتیاق
بے روح زندگی کا تو پیکر نہیں ہوں میں

آتا ہے مجھ کو موج و تلاطم میں کھیلنا
ملّاح تیرے رحم و کرم پر نہیں ہوں میں

صادقؔ مرے وجود سے روشن ہے کائنات
ہر چند مہر و مہ کے برابر نہیں ہوں میں
***

جتنے مُنہ اتنی باتیں جتنی باتیں اتنے زخم
مورکھ ہے دنیا بھی کتنی دیتی ہے کیا تیکھے زخم

انسانوں پر ظلم کیے کچھ ایسے حیوانوں نے
گننے والے گِن نہ سکے کتنی چوٹیں کتنے زخم

خود ہی چھڑکا ہے نمک جب دم سازوں نے ہنس ہنس کر
کس سے فریاد کریں پھر اپنے دل کے سارے زخم

سُرخی خونِ حسرت کی پھیل رہی ہے چاروں سمت
جھوٹے ہیں جو کہتے ہیں پہلو میں ہیں پھیکے زخم

ہیرا آخر ہیرا ہے، پتھر آخر پتھر ہے
دوست کرے گا چارہ گری دشمن دے گا گھرے زخم

ہمت ہے تو اے لوگو، آؤ دو دو ہاتھ سہی
وار یہ کب تک چھپ چھپ کر کب تک آڑے ترچھے زخم

صادقؔ بچتے رہنا تم ہر لمحہ دیکھوں اِن سے
دنیا والے دیتے ہیں، بعد میں مرہم پہلے زخم
***

اُجالے لے کے بڑھے کوئی بہر دم سازی
اندھیرے کرنے لگے شامِ غم کی غمازی

زمانہ تاج محل اَن گنت بنائے مگر
اُبھار سکتا ہے نقش وفائے ممتازی

کبوتروں کی طرح نفع کیا اُڑانوں سے
حیات کے لیے لازم ہے خوئے شہبازی

ہر ایک گام پہ جب پتھروں کی بارش ہو
کسے مجال کرے سعئ آئینہ سازی

شکست ایک وسیلہ ہے فتح مندی کا
میں دل کو ہار کے جیتا ہوں عشق کی بازی

کیا جو ضبط تو آنکھوں میں آ گئی فریاد
سر شک بن کے یہی میری شعلہ آوازی

دیارِ عجز کی برسوں ہی خاک چھانی ہے
ملی ہے جب کہیں صادقؔ ہمیں سر افرازی
***

چلچلاتی ہوئی گرمی کا مداوا مانگا
زیست نے آج گھنے پیڑ کا سایا مانگا

چند بے نام لکیروں سے عبارت ہے حیات
جانے کیوں وقت نے پھر زیست کا نقشا مانگا

نامکمل جو نظر آئی کتاب ہستی
میرے افسانۂ الفت کا تراشا مانگا

پاؤں رکھتے ہوئے ڈرتے تھے جہاں اہل چمن
اہل دل نے وہی تپتا ہوا صحرا مانگا

میری جلتی ہوئی سانسوں نے سکوں کی خاطر
تیرے ہونٹوں کے تقدس کا وسیلا مانگا

چند بوندوں سے جو سوکھے ہوئے لب تر نہ ہوئے
تشنگی نے مری بہتا ہوا دریا مانگا

ذوقِ ایذا طلبی وجہ سکوں ہے صادقؔ
دل کے ہر زخم نے چُبھتا ہوا کانٹا مانگا

***

کیا یہی تیری محفل کا دستور ہے؟ کیا یہی ہے سلوک اجنبی کے لیے؟
خیر مقدم کیا نوکِ سو خار نے، دست خنجر بڑھا دوستی کے لیے

تیرہ و تار راتوں کی تشنہ لبی پی چکی ہے اُجالوں کی اِک اِک کرن
فطرت وقت سے ہٹ کے آج آؤ ہم، کوئی صورت کریں روشنی کے لیے

نام دار و رسن کا تو بدنام ہے کون کرتا ہے یہ اہتمام آج تو
ہر طرف سے صلیبوں کا گھیراؤ ہے اِک شناسائے حق آدمی کے لیے

کرب پیہم نوشتہ ہے تقدیر کا، کرب پیہم سے ملتا ہے دل کو سکوں
نوکِ نشتر سے لے کام اے چارہ گر، دل کے زخموں کی آسودگی کے لیے

سخت دشوار ہے راہرو کا سفر، دھوپ ہی دھوپ ہے زیست کے دشت میں
کاش ہمدرد بن کر کوئی حادثہ پیڑ اُگا دے کہیں چھاؤنی کے لیے

جی تو جی اس طرح تیرا ہر نقش پا، راہِ انسانیت کا بنے رہ نما
وقت آنے پہ دے جان اس شان سے، موت بھی چیخ اٹھے زندگی کے لیے

ناشناسانِ شعر و سخن کا اگر اور کچھ روز صادقؔ یہ عالم رہا
مجھ کو مجبور ہونا پڑے گا کبھی اپنے احساس کی خود کشی کے لیے
***

شعلوں کی راج دھانی کے منظر بھی دیکھنا
گُزرو تو میرے جھُلسے ہوئے پر بھی دیکھنا

آساں نہیں بغیر صعوبت سکندری
آئینے کی طلب ہے تو پتھر بھی دیکھنا

سیپی کی گود میں کسی موتی کا ہو وجود
گہرے سمندروں میں اُتر کر بھی دیکھنا

سایہ مِرے وجود میں ہونے لگا ہے گم
اب تم مِری حیات کے جوہر بھی دیکھنا

خوش قامتی خطا سہی بونوں کے شہر میں
لیکن تم اپنی سطح سے اُٹھ کر بھی دیکھنا

فرصت ملی تو اپنی اَنا کی تلاش میں
انساں شکار وقت کے تیور بھی دیکھنا

صادقؔ تعلقات کی ژولیدگی سے دُور
دل کے معاملات کے محور بھی دیکھنا
***

جذبۂ وفا کوشی مستقل چمکتا ہے
آنسوؤں کی لڑیوں میں خونِ دل دھڑکتا ہے

یوں وفا کی خوشبو ہے ہر طرف مشام آگیں
جیسے نافۂ مشکیں دور سے مہکتا ہے

آ گئی ہے تبدیلی کیا مزاجِ گلشن میں
اب نگاہِ ناظر میں پھول بھی کھٹکتا ہے

جانے کس طرح گُزرے آج صبح اُس شب کی
زندگی کا پیمانہ شام سے چھلکتا ہے

کیا بتاؤں اے صادقؔ عشق کے تاثر
روح گنگناتی ہے سازِ دل کھنکتا ہے

***

بے گانۂ خلوص ہر اِک کی نظر میں ہوں
آج ایک اجنبی سا خود اپنے ہی گھر میں ہوں

گرداب ہے زمیں پہ خلاؤں میں پیچ و تاب
جاؤں کہاں نکل کے، دو طرفہ بھنور میں ہوں

ہر صبح بے سکون ہے ہر شام مضطرب
آرام کیا ملے کہ مسلسل سفر میں ہوں

میرا وجود کاش کسی کام آ سکے
بِکھرا ہوا ہر ایک طرف رہ گزر میں ہوں

عرفانِ ذات کا کوئی امکان ہی نہیں
ڈوبا ہوا تلاطم ہر خیز و شر میں ہوں

ٹھنڈک عطا کرے کوئی فیض نسیم دوست
آتش بجاں تمازتِ روئے سحر میں ہوں

صادقؔ مجھے بھی یاد کریں ناقدانِ وقت
میں بھی شریک زمرۂ اہل ہنر میں ہوں
***

آگاہ شعور ہو چکا ہے
انساں مستور ہو چکا ہے

اب دل کا وجود کیا ملے گا
زخموں سے چُور ہو چکا ہے

خود اپنے ہی دم قدم سے چلیۓ
رہبر مغرور ہو چکا ہے

دل دادۂ حال کو خبر کیا
مستقبل دور ہو چکا ہے

رخصت ہوں! غم کے اے اندھیرو!
سورج کا ظہور ہو چکا ہے

سہتے سہتے غمِ حوادث
دل چکنا چُور ہو چکا ہے

صادقؔ اس دور میں ہر انساں
کتنا مجبور ہو چکا ہے
***

اوجھل ہو آنکھ سے تو سراپا دکھائی دے
جب سامنے وہ آئے چھلاوا دکھائی دے

ہر تلخئ حیات کو دل میں سمو کے بھی
میدانِ کارزار میں تنہا دکھائی دے

آنکھیں جو بند ہوں تو نظر آئے کائنات
آنکھیں کھلیں تو صرف اکیلا دکھائی دے

جب درد کی حدوں سے گزر جائے احتیاط
ہر سمت ایک آگ کا دریا دکھائی دے

بکھرے اگر وجود تو ہو تیرگی محیط
ہو روح منتشر تو اُجالا دکھائی دے

دنیائے اعتبار وہ اندھا طلسم ہے
حدِّ نگاہ تک نہ شناسا دکھائی دے

صادقؔ فشارِ وقت سے اب یہ ہے میرا حال
مصلوب جیسے کوئی مسیحا دکھائی دے
★★★

منزل ذوقِ وفا دیدہ وری مانگے ہے
ایک ایک جادہ وسیع النظری مانگے ہے

اے خوشا لذّت صحرائے جنوں کی تاثیر
آج دانش بھی مری ہم سفری مانگے ہے

معصیت کاش کوئی زاویۂ نو دے دے
زندگی کب سے مقامِ بشری مانگے ہے

سارے فرسودہ اصولوں سے بغاوت کے لیے
اک نیا حُسنِ نظر خود نگری مانگے ہے

قفسِ جسم سے قائم رہے جس کا رشتہ
طائر روح وہ بے بال و پری مانگے ہے

پتھروں کی ہے ہر اک سمت سے یورش لیکن
کیا ستم ہے کہ دل آئینہ گری مانگے ہے

کتنا نادان ہے صادقؔ مِرا احساس جمال
شب تاریک سے حسنِ سحری مانگ ہے
***

وہ ایک اشک جو پلکوں پہ تھرتھراتا ہے
نہ جانے کتنی صلیبوں کی زد میں آتا ہے

یہاں تو درد کی وادی میں ہر طرف ہے دھُواں
نقیب صبح کا سورج کہاں اُگاتا ہے

پگھل کے ختم ہوئی شمع ہے دھواں باقی
بدن کا روح سے بھی کچھ عجیب ناتا(1) ہے

یہ سیڑھیاں ہیں صدا کی کہ باز گشت خیال
مجھے قریب سے جیسے کوئی بُلاتا ہے

بکھر گیا ہوں جو آوارہ خاک کی مانند
ہر ایک دستِ ہوا تالیاں بجاتا ہے

یہ تیری یاد کی خوشبو ہے یا خمارِ وصال
رُواں رُواں مِرے پیکر کا گنگناتا ہے

فصیل درد سے اُٹھتی ہیں آگ کی لپیٹیں
جنوں کا ظرف کہ شعلوں میں مسکراتا ہے

دریچے زخم کے جب بند ہونے لگتے ہیں
ستم کا ناخنِ جرّاح گدگداتا ہے

سہارا دے مجھے صادقؔ خلوصِ دوست کبھی
سفر طویل ہے اور پاؤں لڑکھڑاتا ہے

1 : عام طور پر ''ناتا'' کا املا لوگ ''ط'' کے ساتھ کرتے ہیں۔ میں اسے جائز نہیں سمجھتا کیونکہ لفظ ''ناتا'' خالص ہندی ہے اور اسے ''ط'' کے ساتھ لکھنا درست نہیں کیونکہ ''ط'' خالص عربی اور فارسی کے لیے مختص ہے۔ (ص۔ا۔)

***

عفتِ حُسن کی ہے شرط حجابوں میں رہے
حُسن اگر پیکرِ عفت ہے نقابوں میں رہے

دھُندلا دھُندلا سا نظر آیا انہیں نقشِ وجود
جو حقیقت سے گریزاں تھے سرابوں میں رہے

میرے ارمانوں کو پرواز کا موقع نہ مِلا
گھرے پانی سے جو اُبھرے تو حبابوں میں رہے

اِک نہ اِک ربط رہا اُن سے کسی صورت میں
وہ نہ آئے مری نظروں میں تو خوابوں میں رہے

کتنا پاکیزہ رہا اُن سے تعلق میرا
سامنے آئے تو رنگین حجابوں میں رہے

سارے موعود ثوابوں کی طلب کے باوصف
ہم نے چاہا کہ دل آلودہ عذابوں میں رہے

عمر بھر چین میسّر نہ ہوا اے صادقؔ
زندہ جب تک رہے ہم ان کے عتابوں میں رہے
***

شعور چیخ رہا ہے خرد کو ٹھکراؤ
جنوں کی راہ بری میں حیات تک آؤ

بہت دنوں سے مرے جسم و روح پیاسے ہیں
حرم کے طاق سے ٹکرا کے جام چھلکاؤ

اُتر چکے ہیں منڈیروں سے دھوپ کے پہرے
ملن کا وقت ہے اب تم بھی پاس آ جاؤ

سروں پہ آنے لگا ہے فراق کا سورج
اب ان کی یاد کا پرچم فضا میں لہراؤ

الم کے کرب کو ظاہر نہ ہونے دو ہرگز
نکل پڑیں اگر آنسو تو اُن کو پی جاؤ

حیات زہر نہ بن جائے غم کی خشکی سے
تم اپنے ہونٹوں سے امرت کے گھونٹ ٹپکاؤ

میں جانے کتنے حقائق کا ہوں امیں صادقؔ
رہو خموش نہ میری زبان کھلواؤ

***

نکل کے جاؤں کہاں مسکراہٹوں کی طرح
زمانہ ہے ترے ماتھے کی سلوٹوں کی طرح

میں سوئے سوئے ہوئے بھی تو چونک پڑتا ہوں
دبے دبے کوئی آتا ہے آہٹوں کی طرح

کہاں وفا کی کنواری مہک ملے یارو
یہ پورا شہر ہے سونے سے پنگھٹوں کی طرح

جو دیکھنا ہے تو اندر سے آ کے دیکھ مجھے
کھُلا ہُوا ہوں میں دوازوں کے پٹوں کی طرح

ہیں زندگی کے لیے کوڑھ سے سِوا صادقؔ
جو بد نما ہیں ببولوں کے جھرمٹوں کی طرح

***

وجودِ زندگی رویائے بے تعبیر ہے دیکھو
قضا و قدر کی اِک شوخیِ تحریر ہے دیکھو

عجب صنعت گری سے نقش کھینچے ہیں مصوّر نے
کوئی رُخ ہو مقابل اِک وہی تصویر ہے دیکھو

الگ ہونا حجاب ماسوا کا عین رحمت ہے
نظر کے سامنے اک عالمِ تنویر ہے دیکھو

وفا مرنے پہ بھی روح بشر کا ساتھ دیتی ہے
فنا آثار ہے لیکن بقا تاثیر ہے دیکھو

مِرا پیمانہ قسّامِ ازل کا ایک عطیہ ہے
کہ جس میں موجزن کیا بادۂ تطہیر ہے دیکھو

کدھر بھی جاؤں بوئے دوست کا احساس ہوتا ہے
یہ کیسی رہ گزر کی خاک دامن گیر ہے دیکھو

''عروجِ آدم خاکی سے انجم سہمے جاتے ہیں''
ضعیف انسان کی صادقؔ عجب تقدیر ہے دیکھو

***

دل کے لیے سکون کی راہیں کھُلی تو ہیں
اب وقت کی نکیلی سِنانیں تُلی تو ہیں

دیکھیں خریدتا ہے وفاؤں کے زخم کون
بازار میں ستم کی دوکانیں کھُلی تو ہیں

بھٹکے ہوئے وجود کو مل جائے گی پناہ
ہر رہ گزر پہ موت کی بانہیں کھُلی تو ہیں

کیوں ہیں ابھی سے گلشن ہستی پہ یورشیں
آنکھیں روش روش کی ابھی اَدھ کھلی تو ہیں

وہ تلخیاں کہ جن سے عبارت ہے زندگی
مسرور ہوں کہ میرے لہو میں گھلی تو ہیں

یہ اشتیاق دید ہے یا مرگ کا سکوت
مُدّت کے بعد اب مِری آنکھیں کھلی تو ہیں

صادقؔ یہ دیکھنا ہے کہ آتا ہے رش میں کون
میرے شعور و فن کی سنانیں تلی تو ہیں
★★★

کچھ بھی ہو مگر تکملۂ راز نہیں ہے
احساس اگر نقطۂ آغاز نہیں ہے

مضرابِ غمِ و یاس نے اس ڈھنگ سے چھیڑا
تاروں میں ہے لرزش مگر آواز نہیں ہے

کچھ غم کے کچوکے ہیں تو کچھ وقت کے نشتر
اب دل بھی مِرا خلوتیِ راز نہیں ہے

یہ لذّتِ ہر کام و دہن اُس پہ تکلّف
سب کچھ ہے مگر دعوت شیراز نہیں ہے

اے سُست قدم رُوئے زمیں پر متحرک
تو باخبر فطرتِ شہباز نہیں ہے

اب دل کے سوا کوئی نہیں خلوت غم میں
آ جائیے کوئی خلل انداز نہیں ہے

صادقؔ مِرا دل اس کی طرف اب نہیں کھنچتا
آواز تو ہے، شعلۂ آواز نہیں ہے
***

پرچمِ ماضی اُٹھا کر آپ کی محفل سے ہم
کیوں نہ ٹکرا جائیں اک دن حال و مستقبل سے ہم

سُست رفتاری سفینے کے لیے اک موت ہے
کچھ تھپیڑے مانگ لائیں دامنِ ساحل سے ہم

قتل گاہِ زندگی ہے آج کل ایک ایک موڑ
پھر کہاں جائیں نکل کر جادۂ منزل سے ہم

عظمتِ تقدیس کی خاطر نکلوائے گئے
''گھر سے یوسف خلد سے آدم تری محفل سے ہم''

کیوں زمیں کا بوجھ بننے دیں غبار زیست کو
اور اک پیکر تراشیں اپنی خاکِ دل سے ہم

انگلیاں پیوست کرنی ہیں حصارِ وقت پر
آؤ اب باہر نکل آئیں حدِ منزل سے ہم

صلبیت پر لَوٹ جانا ہے ہر اِک ذی روح کو
کیوں کریں پرہیز صادقؔ اپنی آب و گل سے ہم

***

بات ٹوٹ جاتی ہے ہونٹ کپکپاتے ہیں
ذہن کے کناروں میں لفظ ڈوب جاتے ہیں

کرب ہے زمانہ کا زندگی کے کندھوں پر
ہم وفا کے دیوانے پھر بھی مسکراتے ہیں

کشمکش کے میداں میں ہم الم کے ہاتھوں سے
عیش کے لبادوں کی دھجّیاں اُڑاتے ہیں

جب کوئی نیا خنجر دل پہ وار کرتا ہے
زخم خوردگی کے غم لوگ بھول جاتے ہیں

آنسوؤں کے گوہر کا مشتری نہیں ملتا
یوں تو لوگ ہر شے پر بولیاں لگاتے ہیں

اپنی جاں نثاری کی خوں چکاں شہادت ہے
جس طرف نظر ڈالیں زخم جگمگاتے ہیں

دشمنوں سے کیا شکوہ، وہ تو اُن کی فطرت ہے
میرے دوست بھی صادقؔ مجھ کو آزماتے ہیں
***

نیابتِ حق کا میں امیں ہوں نظام میرے سپرد کر دو
یہ صبح میرے سپرد کر دو، یہ شام میرے سپرد کر دو

ازل سے بخشا گیا ہے مجھ کو شعورِ انسانیت کا منصب
زمانہ جس سے گریز پا ہو وہ کام میرے سپرد کر دو

جو انتشار اب ہے زندگی میں، ہے قلب ماہیّت اس کا منشا
وجودِ آدم کے سلسلہ کا پیام میرے سپرد کر دو

بروزِ تخلیق دی گئی ہے مجھے کمندِ صعودِ پیما
جہاں تجلّی ہو مسند آرا وہ بام میرے سپرد کر دو

اطاعتِ حق میں کیا کمی تھی بنا جو خلقِ بشر کا باعث
وہ دردِ دل کا بلند و بالا مقام میرے سپرد کر دو

اگر کوئی ہے تو صرف میں ہوں مجاز اس نعمت ازل کا
مئے الستی ہو جس میں رقصاں وہ جام میرے سپرد کر دو

نشانیاں ہیں جو حُسنِ قدرت کی سب ہیں میرے لیے مُسخَّر
جمالِ خورشید و ماہ و انجم تمام میرے سپرد کر دو

نزاعِ شرع و طریق کچھ ہو، ہے میرا مذہب وفا شعاری
سجود میرے سپرد کر دو قیام میرے سپرد کر دو

تحفظ اس کا نہ کر سکو گے سُنو تم اے کم سواد لوگو
جنابِ صادقؔ کا مُنفرد یہ کلام میرے سپرد کر دو

***

خرد ہے سر بہ گریباں کہ ضو فشاں کیا ہے
رگِ گلو کے قریں جلوۂ نہاں کیا ہے

جنوں کی جرأتِ پیہم کا امتحاں کیا ہے
ترے حضور نہ وا ہو تو پھر زباں کیا ہے

اگر نمودِ محبّت ہے دل کا سرمایہ
تو دیکھنا ہے کہ ہر اشکِ خوں چکاں کیا ہے

محیط کر نہ سکیں جو خیال کی پرواز
تو لفظ چیز ہیں کیا، وسعتِ بیاں کیا ہے

نفس نفس متزلزل، قدم قدم لرزاں
یہ سوچتا ہوں کہ آسائش جہاں کیا ہے

ہیں محو کارِ عناصر کہ ثابت و سیّار
تو پھر یہ کشمکشِ ارض و آسماں کیا ہے

مِرا وجود ہے جب تیری ذات کا پرتَو
وہ اِک حجاب مِرے تیرے درمیاں کیا ہے

جو قُربِ دوست ملے تو حیات ہے فردوس
علاوہ اس کے کوئی اور ارمغاں کیا ہے

وجودیت تو ہے کچھ اور عبدیت کچھ اور
غمِ حیات کی پھر طُرفہ داستاں کیا ہے

یہ تیری یاد ہے یا آرزوئے خود نگری
بساطِ دل پہ کوئی شے رواں دواں کیا ہے

میسّر آ گئی صادقؔ حلاوتِ لب دوست
بتاؤ اور تقاضائے جسم و جاں کیا ہے
***

ان کے تیور دیکھیں تو
آنکھ ملا کر دیکھیں تو

رعنائی کا چرچا کیا
منظر منظر دیکھیں تو

حُسن کی صورت اک اک حرف
لفظوں کے پیکر دیکھیں تو

باہر اُجلا اُن کا روپ
جھانک کے اندر دیکھیں تو

سطحوں پر چلنے والے
گہرے سمندر دیکھیں تو

اُن کے آگے حرفِ وفا
صادقؔ کہہ کر دیکھیں تو

***

پوشیدہ ہو پستی میں رفعت کا جو پہلو بھی
سورج کا نمائندہ ہو سکتا ہے جگنو بھی

ہر بات نہ ہو جب تک کردار کا آئینہ
چلتا نہیں لوگوں پر الفاظ کا جادو بھی

دیکھے نہ حقارت سے سوداگر وقت ان کو
رکھتے ہیں کوئی قیمت گرتے ہوئے آنسو بھی

پاس آتے نہیں، اچھا، تم مجھ کو پکارو تو
دل کے لیے کافی ہیں آواز کے گھنگرو بھی

رکھنا تھا اگر مجھ کو گمراہ رہِ منزل!
راہوں میں بکھیری کیوں انفاس کی خوشبو بھی

پندارِ توانائی کچھ کام نہیں آتا
ہمّت ہی سے ملتی ہے تقویت بازو بھی

مُنہ کیسے لگائیں گے اربابِ نظر صادقؔ
جب تک کہ نہ ہو تجھ میں اخلاص کی خو بو بھی
***

یہ غلط ہے کہ سبھی حصۂ اوقات میں تھے
کچھ جھروکوں کے اُجالے بھی مری ذات میں تھے

بچ سکا تیرے مقابل نہ وفاؤں کا وجود
جتنے عُنصر تھے جفاؤں کے تری بات میں تھے

زندہ دارانِ وفا صرف بتا سکتے ہیں
لُطف جو پچھلے پہر شب کی ملاقات میں تھے

درگزر کرنے سے مجھ کو ملی معراج حیات
لوگ تو اُلجھے ہوئے فکرِ مکافات میں تھے

اُن پہ عرفانِ حقیقت کے دریچے نہ کھُلے
خود کو جکڑے ہوئے جو دائرۂ ذات میں تھے

لا میں الا ہوا شامل تو ہوا یہ معلوم
جو اشارے تھے نفی کے وہی اثبات میں تھے

اہلِ بینش کے لیے ایک تھے صادق شب و روز
جتنے بھی دن میں اُجالے تھے وہی رات میں تھے
***

بھنور بھنور ہیں نگاہیں دھواں دھواں دل ہے
رہِ حیات میں مرغولۂ رواں دل ہے

ترے غرور نے سنولا دیا تمنّا کو
اب ایک کشمکش نو کے درمیاں دل ہے

رہے خیال یہ، ہنگامِ امتحانِ وفا
سنبھل کے مشقِ ستم ہو کہ ناتواں دل ہے

قدم قدم پہ ہے ظاہر ستم ظریفیِ دوست
سکوں سے قطعِ نظر آج خوں چکاں دل ہے

نہ چھیڑ، دیکھ اِسے ایمان و آگہی دشمن
نہ جانے کتنے حقائق کا راز داں دل ہے

فصیل درد کی اونچائیاں ہوئیں اتنی
جدھر بھی دیکھئے تا حدِّ آسماں دل ہے

خرد ہو جہل ہو وہم و یقیں ہو اے صادقؔ
ہر اک کشاکشِ ہستی کا ترجماں دل ہے
***

عشق مکمل شرحِ حیات
سچّا ہو تو عین نجات

ہو جو وفا سرگرمِ حیات
دونوں برابر دن ہو کہ رات

عشق بہاراں حُسن خزاں
اپنے اپنے محسوسات

زخم کچوکے نشتر تیر
اور اکیلی دل کی ذات

وہ بھی چپ چُپ میں بھی خموش
کون چلائے پیار کی بات

پا نہ سکیں گے میری گَرد
لوگ لگائیں کتنی گھات

اُن کا کرم اللہ اللہ
جیسے صادقؔ شاخِ نبات

***

التفات اُن کی نظر کا جو مناسب نہ سہی
وہ نہ چاہیں تو کرم بھی مِری جانب نہ سہی

وہ بھی دن آئے گا چمکے گا جو خورشید وفا
آج ماحول محبّت کے مناسب نہ سہی

کم سے کم گردِ سفر تو متوجّہ ہو گی
وہ عناں گیر مِری سمت مخاطب نہ سہی

ہم تو ہر حال میں تا صبح رہیں گے سرگرم
محفل تیرہ سہی بزمِ کواکب نہ سہی

کیوں رُکیں عرضِ طلب پر بہ تقاضائے وفا
وہ جفا پیشہ اگر مجھ سے مخاطب نہ سہی

ہم وفا کوش وفاؤں سے نہ باز آئیں گے
وہ ستم ہائے فراواں سے جو تائب نہ سہی

پیر و مرشد کے تعلق سے غزل کہہ صادقؔ
شعر اگر کوئی بہ آئینۂ غالب نہ سہی
***

شہیدانِ وفا کو چار سُو آواز دیتا ہے
اُبھر کر خاک گیتی سے لہو آواز دیتا ہے

جو میرا ذوقِ طاعت مُو بمُو آواز دیتا ہے
وہ پردہ دار با جوشِ ضحو آواز دیتا ہے

جنوں کی حدّ آخر ابتدائے ہوشیاری ہے
مِرے چاکِ گریباں کا رفو آواز دیتا ہے

خزاں تسلیم لیکن موسم گُل بھی مقدّر ہے
زمیں کی گود سے ذوقِ نمو آواز دیتا ہے

کہاں ہیں دعوتِ حق پر شہادت کے تمنّائی
خلاؤں سے نکل کر دشتِ ہُو آواز دیتا ہے

ضروری ہے بشر کے واسطے تطہیر باطن بھی
زِ سر تا پا لباسِ شست و شُو آواز دیتا ہے

لحد کی جان لیوا سختیاں بھی دھیان میں رکھنا
کفن کا جامۂ صد مشک و بو آواز دیتا ہے

مقامِ سلسبیل و کوثر و تسنیم پاس آیا
بڑھو پیاسو کہ شوقِ اشربو آواز دیتا ہے

غزل لکھی ہے کیا صادقؔ کہ ہر ہر شعر پر تجھ کو
بُلاتی ہے پذیرائی، عُلو آواز دیتا ہے

***

حُسن مغرور ہے مائل بہ تمنّا کیسے
کھُل گیا آج محبّت کا دریچا کیسے

ہے یہ موضوعِ سُخن اور یہ چرچا کیسے
شاخ تا شاخ رہے برق کا سایا کیسے

عمر بھر آپ رہے ظلم و ستم کے پیکر
آج پھر بن گئے زخموں کے مسیحا کیسے

کھینچ رکھا ہے تغافل کا حصارِ رنگیں
تم سے ہو گرم سخن چاہنے والا کیسے

اپنے چھالوں کا لہو ہم نے دیا ہے اس کو
پیاسا رہ سکتا ہے اب دامن صحرا کیسے

زندہ دارانِ سحر ڈھونڈتے کوئی تو علاج
ظلمتیں پی گئیں صبحوں کا اجالا کیسے

سوکھے پتّے بھی ہوا کرتے ہیں شعلوں کے نقیب
ہو زمیں پر متحرّک نہ جوالا کیسے

آج گُل ہو نہ گئی ہو کہیں شمعِ اُمّید
ہر قدم پر ہے گھٹا ٹوپ اندھیرا کیسے

چیخ مظلوم کی پہنچی نہ ہو صادقؔ تا عرش
یک بہ یک ہو گیا عالم تہ و بالا کیسے

***

مِرے احساس کی لو شعلہ زن ہے جن کے سینوں میں
ملی ہے ان کو معراجِ محبّت دل نشینوں میں

یقیناً حوصلے تھے گرم ہمّت آفرینوں میں
وہ ساحل پر اُبھر آئے جو ڈوبے تھے سفینوں میں

خلوص و خلق دھو دیتے ہیں ہر زنگ کثافت کو
انہیں سے تو جِلا آتی ہے دل کے آبگینوں میں

کم از کم اس قدر تو محویت وقت عبادت ہو
جو سر اُٹھیں تو سجدے ثبت ہو جائیں جبینوں میں

بغیرِ غرق آبی ہو نہیں سکتی گہریابی
ملو جا کر صدف کی شکل پہلے تہہ نشینوں میں

کبھی صادقؔ کہیں ظاہر نہ ہوں شادابیاں غم کی
اگر آنسو نکل آئیں چھپا لو آستینوں میں
***

محبّت میں تضادِ این و آں سے کچھ نہیں ہوتا
جو مستحکم وفا ہو تو زباں سے کچھ نہیں ہوتا

امیرِ کارواں ہی ساتھ لے جاتا ہے منزل تک
کہوں کیوں کر امیرِ کارواں سے کچھ نہیں ہوتا

خدا ہو ساتھ کشتی کے تو ہر مشکل مبارک ہے
کفِ سیلاب اور موجِ رواں سے کچھ نہیں ہوتا

ارادہ کیا ہے تائیدِ خداوندی کا پرتو ہے
یہ کیوں باور کروں عزمِ جواں سے کچھ نہیں ہوتا

دو روزہ عمر ہی میں مستقل ایقان پیدا کر
تمنّائے بقائے جاوداں سے کچھ نہیں ہوتا

اطاعت کے لیے دل کی خود آگاہی ضروری ہے
کسی در پر سجود بے کراں سے کچھ نہیں ہوتا

حقیقت کی نگاہِ مہرباں کو ڈھونڈ اے صادقؔ
کسی کی اِک نگاہِ مہرباں سے کچھ نہیں ہوتا

★★★

آپ کے گھر کی طرح ہے نہ مرے گھر جیسی
محفل غیر ہے ہنگامۂ محشر جیسی

زیست ہو اپنی جو آئینۂ جوہر جیسی
دل سے جو بات بھی نکلے ہو پیمبر جیسی

میری تحریر سے ہوتی ہے محبّت کی نمود
ایک ایک سطر ہے اخلاق کے دفتر جیسی

تیری پرواز کو شاہیں صفتی لازم ہے
ہیں ابھی تیری اُڑانیں تو کبوتر جیسی

حادثوں نے یہ عجب حال بنا رکھا ہے
زندگی ہے کسی پرکار کے محور جیسی

وار تخریب کا مجھ پر نہ چلے گا ہر گز
میری تعمیر ہے بنیاد کے پتھر جیسی

میرے شعروں میں ہیں حسن اور وفا اے صادقؔ
ہے غزل میں جو ادا قندِ مکرر جیسی

★★★

آنکھوں کے دریچوں سے وہ دل میں جو اُتر جائیں
جذبات کے اُمڈے ہوئے طوفان ٹھہر جائیں

طوفانِ حوادث کہیں یہ کام نہ کر جائیں
ذرّے مِری ہستی کے ہواؤں میں بکھر جائیں

ہم ژرف نظر اوج فلک سے بھی گزر جائیں
کوتاہ نظر جائیں تو تا حدِّ نظر جائیں

ہر وقت ہے جب پیش نظر منزل ادراک
کیوں اس کے تجسُّس میں ادھر آئیں اُدھر جائیں

حالات سخت چھین چکے ہیں مگر اے دل
اب جائیں سُوئے دوست تو بے بازو و پَر جائیں

بازار میں بھی ہے وہی ویرانیِ ماحول
اب سوچ رہے ہیں کہیں ہم ٹھہریں کہ گھر جائیں

صادقؔ یہی تشویش رہا کرتی ہے دن رات
تا حدِّ قدم جائیں کہ تا حدِّ نظر جائیں
***

کسی کے در پہ نہ اپنے ہی گھر میں رہتا ہے
جنوں پسند سفر ہی سفر میں رہتا ہے

پہنچ کے بام ترقّی کی حدِ آخر تک
ادا شناس تلاش ہنر میں رہتا ہے

وجود عیش ہے ارباب دل کی نظروں میں
وہ اِک کھلونا جو بچّوں کے گھر میں رہتا ہے

گِرا جو شاخ سے پتّہ تو ہو گیا معدوم
یہی معاملہ نوعِ بشر کا رہتا ہے

وہ سرد و گرم سے دنیا کے آشنا نہ ہوا
ہمیشہ اپنے ہی جو مستقر میں رہتا ہے

وہ دُور ہوں تو ہیں شبنم وہ پاس ہوں تو شرر
عجیب فرق خیال و نظر میں رہتا ہے

تمام عمر میسّر نہ ہو سکا صادقؔ
وہ ایک لطف جو بارِ دگر میں رہتا ہے

***

یوں محبّت ہے مِرے تختِ دل و جاں کے قریب
ہو سبا کی ملکہ جیسے سلیماں کے قریب

انگلیاں کٹ گئیں اللہ رے تاثیرِ جمال
حُسن ہے ششدر و حیراں مہِ کنعاں کے قریب

بُعد ایسا کہ فلک تک بھی نہیں اُس کا سُراغ
اَور قربت کا یہ عالم کہ رگ جاں کے قریب

پیکر حُسن سہی ماہ و نجوم و خورشید
کون آ سکتا ہے اُن کے رُخِ تاباں کے قریب

خاکِ دل نے وہ ہوا باندھی بصد ذوقِ طلب
آسماں آ گیا خود گیتیِ انساں کے قریب

محبسِ زیست سے باہر نہ نکل آئیں اسیر
وقت نے کھینچ دیا خط درِ زنداں کے قریب

کبھی معراجِ سخن مل نہیں سکتی صادقؔ
ہو نہ سرمایہ اگر کاوشِ جولاں کے قریب

***

کفر ہر اہلِ خرابات کا توڑا جائے
بے ضمیروں کو بھی اک بار جھنجھوڑا جائے

وقت بے رحم ہوا کرتا ہے سچ ہے لیکن
آج ہر نقشِ ستم اس کا سکوڑا جائے

دامنِ زیست ہے سیلاب کی زد میں یارو
کیا بھگویا اِسے جائے کہ نچوڑا جائے

لاکھ کردار و عمل میں نہیں طاقت پھر بھی
ظلم کا پنجۂ خوں خوار مروڑا جائے

ہے یہ اندیشہ کہیں ڈوب نہ جائے کشتی
رُخ بپھرتے ہوئے طوفان کا موڑا جائے

آج لٹکی ہے صلیبوں پہ وفا کی ناموس
ضربِ عیسیٰ نفسی سے اسے توڑا جائے

بعد مرنے کے جسے یاد رکھیں اے صادقؔ
زندگی میں وہ کوئی نقش بھی چھوڑا جائے
***

زمیں سے تا بہ اوجِ آسماں ہے
محبّت اِک محیطِ بے کراں ہے

نہ سایہ ہے نہ سائے کا گُماں ہے
مسافر سخت گرمی میں رواں ہے

کہیں آنسو، کہیں کانٹے کہیں پھول
انوکھی زندگی کی داستاں ہے

جو آیا تھا ترے پاؤں کے نیچے
وہ ذرّہ ہی جوابِ کہکشاں ہے

کہاں تک لن ترانی کا اعادہ
ہمارے مُنہ میں بھی آخر زباں ہے

بفیضِ غم ملی ہے وہ بلندی
فضاؤں میں ہمارا آشیاں ہے

رہوں ہر چند اُن سے دور صادقؔ
مگر حرفِ تعلّق درمیاں ہے
***

ٹوٹا قفس تو خاک ہوئی منتشر کہاں
اے زندگی بتا کہ گیا میرا گھر کہاں

مانوس راستوں میں بھی گم ہو گئے جو لوگ
باقی رہی ہے پھر طلب راہ بر کہاں

جاں سوز بجلیاں ہیں تو شعلے زباں دراز
اب آشیاں کی خیر منائیں مگر کہاں

تاریکیاں محیط ہیں بزمِ حیات پر
گم ہو گیا ہے جلوۂ حُسنِ نظر کہاں

دستِ خزاں نے نوچ لیا شاخ شاخ کو
''ٹھہرے گا کاروانِ نسیمِ سحر کہاں''

صحرا کی پیاس بجھ گئی چھالوں کے خون سے
برسے گا آسمان پہ ابرِ گہر کہاں

کانٹوں کی نوک نوک پہ ہیں آبلوں کے پھول
اُترے گا اب بہار کا پیغام بر کہاں

مجھ سے غریب شہر کے رہنے کے واسطے
دیوار و در کے نام ہیں دیوار و در کہاں

نا قدر و کم سواد زمانہ ہے آج کل
لے جائیں صادقؔ اپنی متاعِ ہنر کہاں

***

لفظ و معنی کے تجسس سے سجائے کس نے پھول
ذہن کی ویران وادی میں کھلائے کس نے پھول

لمس تھا تیرا کہ جھونکا تھا نسیم صبح کا
ایک اک شاخِ گلستاں پر کھلائے کس نے پھول

تیری یادوں کا تصرف گلستاں در گلستاں
سوچتا ہوں دل کے دامن پر سجائے کس نے پھول

زیست کے صحرا میں ننگے سر تھا میں گرمِ عمل
پتھروں کے بدلے آخر آزمائے کس نے پھول

شہر کی گنجان سڑکو! کچھ اشارہ ہی کرو
میرے بوسیدہ جنازے پر لُٹائے کس نے پھول

جن کو کل تک لوگ زیب انجمن سمجھا کیے
آج حیرت ہے کہ مٹّی میں مِلائے کس نے پھول

حشر تک محروم خوشبو ہی رہا دل کا مزار
ہم نشینوں نے جو رکھے تھے اُٹھائے کس نے پھول

***

فن سامریِ وقت کے سب آزما لئے
پھرتا ہوں میں حکیم کی صورت عصا لئے

جس کا کہ لاشعور بھی تحت الشعور تھا
اُس خوش نظر نے بڑھ کے سفینے بچا لئے

بازار میں مِلا نہ خریدار غم کوئی
بیٹھے رہے ہم اپنا دلِ مُبتلا لئے

ہم سے تو ایک بارِ امانت نہ اُٹھ سکا
لوگوں نے آسمان سروں پر اُٹھا لئے

جب تیرگی نگل گئی قندیل ماہ کو
نِکلا ہوں میں خلوص کا روشن دِیا لئے

تیرے بغیر یوں رہی تعمیر زندگی
بچوں نے جیسے کچّے گھروندے بنا لئے

صادقؔ مَرے ہیں پیاس سے وہ گرم ریت پر
کہتے تھے جو کہ ہم نے سمندر لنڈھا لئے
***

تیرگی بُغض و عداوت کی مٹا لی جائے
زندگی خلق و وفا سے ہی اجالی جائے

لفظ زنجیر کی مانند ہُوا کرتے ہیں
اِسی زنجیر سے تصویر بنا لی جائے

اپنی ہستی تو ہے پانی پہ کشیدہ اک خط
کِس لیئے انجمن عیش سجا لی جائے

عیش اور رنج کا ہو جائے توازن جو دُرست
عیش اور رنج کی تفریق مٹا لی جائے

دشتِ پُر خار میں کوسوں نہیں پانی کا پتہ
رہروو! چھالوں کی چھاگل ہی بنا لی جائے

شاخِ سر سبز کو درپیش ہو جب کوئی مہم
چند سوکھے ہوئے پتّوں کی دُعا لی جائے

مردِ مومن کی نظر رکھتی ہے خود برشِ تیغ
کون کہتا ہے کہ تلوار اٹھا لی جائے

نزع کے کرب سے ممکن ہے کہ مل جائے سکوں
اُن کے مہکے ہوئے دامن کی ہوا لی جائے

اپنی تکمیلِ وفا کے لئے صادقؔ اک دن
تہمت عشق ہی ہنس ہنس کے اٹھا لی جائے

***

ہر نقش سے ہٹ کر بخدا بڑھنے لگا ہے
تیری ہی طرف دستِ دعا بڑھنے لگا ہے

بونے بھی تو کرنے لگے اب عرش کی باتیں
کیا دُور ہے یہ قد سے عصا بڑھنے لگا ہے

پتھر میں بھرے رنگ یہ ہم نے غلطی کی
کم ظرف یہی بن کے خدا بڑھنے لگا ہے

تاثیر حوادث ہے کہ اللہ کی نَصرت
منزل کی طرف راہ نُما بڑھنے لگا ہے

لازم ہے کہ پھر جذبۂ ایثار ہو بیدار
اِک سلسلۂ کرب و بَلا بڑھنے لگا ہے

آؤ کہ کریں زندہ براہیم کا کردار
نمرود صفت کوئی ذرا بڑھنے لگا ہے

اب مغفرتِ جُرم کا امکان ہے صادقؔ
عاصی کی طرف دستِ دعا بڑھنے لگا ہے

***

حرفِ چند

پیش نظر کتاب 'نشید' والد مرحوم کا پہلا شائع شدہ شعری مجموعہ تھا جو مدھیہ پردیش اردو اکیڈمی نے اپنے اہتمام سے شائع کیا تھا۔ اصل میں اس کا نام پہلے 'نشیدِ غزل' رکھا گیا تھا، جو تاریخی نام تھا اور جس سے ۱۴۰۱ھ کے اعداد برامد ہوتے تھے۔ لیکن مدھیہ پردیش اکیڈمی نے یہ تبدیلی کر دی کہ اب نام محض 'نشید' رہ گیا (اور معنویت کے اعتبار سے غزلیات کے مجموعے کا یہ نام غلط ہی رکھا گیا تھا)۔

جب 'نشید' شائع ہوئی تو اس کا باقاعدہ قطعہ تاریخ لکھا تھا۔

عرقِ فکر قابِ فن میں لیے
جو کہ کرتی رہی کشید غزل
اک صدا تھی سخن کی محفل میں
ہو گئی آج 'چپ نشیدِ غزل'

اس میں ''چپ'' کے اضافے سے ۱۴۰۶ء برامد کیا گیا ہے۔

یہی نہیں، شائع کرنے کے ارادے سے جو مجموعے ترتیب دینے شروع کئے تھے، تو ہر مجموعے کا نام حرف 'ن' سے اور تاریخی رکھا گیا تھا۔ نشید غزل کے بعد، نقوشِ خاموش' (نظمیں، ۱۴۰۳ھ)، نظارۂ حرم (نعتیں، ۱۴۰۴ھ) اور نشاط و غم (غزلیں، ۱۴۰۶ھ) انہیں سنین میں شائع کرنے کا منصوبہ تھا۔ لیکن انتقال سے قبل صرف 'نقوش خاموش' کو خود فخرالدین علی احمد میموریل کمیٹی کے مالی تعاون سے ۱۹۸۵ء میں شائع کیا۔ 'نظارۂ حرم' اور 'نشاط و غم' برقی طور پر میں نے شائع کئے۔ 'نشید' کے ساتھ ہی۔ لیکن نشید کے اس پہلے برقی ایڈیشن میں، جس کی اشاعت ۲۰۰۷ء میں عمل میں آئی تھی، بہت سی اغلاط بھی رہ گئی تھیں اور کئی مصرعے کمپوز کرنے سے چھوڑ دئے گئے تھے، جن کا اس دوسرے ایڈیشن میں اس کا ازالہ کر دیا گیا ہے۔

اعجاز عبید

***

ٹائپنگ : مخدوم محی الدین، سپریم کمپیوٹرس، حیدر آباد

تدوین اور ای بک کی تشکیل : اعجاز عبید